Wortspiel

Wörterbuch für die Grundschule

Schroedel Schulbuchverlag

Wortspiel – Wörterbuch für die Grundschule

Herausgeber: Burkhard Schaeder

Mitarbeiter: Ingeborg Jürgensen, Erich Krueger, Elfriede Meyer u. a.

Illustrationen von Maria Wissmann

Gedruckt auf Papier, das nicht mit Chlor gebleicht wurde. Bei der Produktion entstehen keine chlorkohlenwasserstoffhaltigen Abwässer.

ISBN 3-507-**41008**-7
© 1992 Schroedel Schulbuchverlag GmbH, Hannover

Alle Rechte vorbehalten. Dieses Werk sowie einzelne Teile desselben sind urheberrechtlich geschützt. Jede Verwertung in anderen als den gesetzlich zugelassenen Fällen ist ohne vorherige schriftliche Zustimmung des Verlages nicht zulässig.

Druck A $^{5\ 4\ 3\ 2}$ 1996 95 94 93

Alle Drucke der Serie A sind im Unterricht parallel verwendbar, da bis auf die Behebung von Druckfehlern untereinander unverändert. Die letzte Zahl bezeichnet das Jahr dieses Druckes.

Herstellung: Th. Schäfer Druckerei GmbH, Hannover

Inhaltsverzeichnis

So kannst du mit dem Wörterbuch arbeiten . . . . Seite 4
So kannst du dich im Wörterbuch zurechtfinden . . . . Seite 6
Kleines Wörterverzeichnis . . . . Seite 8
Wie schreibt man das bloß? . . . . Seite 30
Tips für schnelles und sicheres Nachschlagen . . . . Seite 32
Wörter im Wörterbuch finden – auf einen Blick . . . . Seite 33
Diese Angaben findest du zu den Wörtern . . . . Seite 34
Woran kann es liegen, ... Seite 36
Großes Wörterverzeichnis mit Sachtafeln . . . . Seite 38
Spiele mit dem Wörterbuch und weitere Sachtafeln . . . . Seite 176
Wortfelder . . . . Seite 194
Auflösung der Teekessel . . . . Seite 196

So kannst du mit dem Wörterbuch arbeiten

In all diesen Büchern stehen Wörter. Aber nicht jedes Buch, in dem Wörter stehen, ist ein Wörterbuch.

① Was unterscheidet ein Wörterbuch von anderen Büchern?

Im Wörterbuch stehen die Wörter in einer bestimmten Reihenfolge.

② Wie sind die Wörter in einem Wörterbuch geordnet?

Um ein Wort sicher und schnell zu finden, mußt du das ABC beherrschen.

③ Suche dir ein ABC-Gedicht aus, und lerne es auswendig.

④ Welche Buchstaben fehlen in der folgenden ABC-Reihe?

⑤ Wie heißt der Buchstabe, der hier jeweils folgt?

| E | ? | | K | ? | | P | ? | | W | ? |

⑥ Wie heißt der Buchstabe, der hier jeweils vorangeht?

| ? | D | | ? | H | | ? | M | | ? | S |

⑦ Welche Buchstaben stehen vor und nach diesen Buchstaben?

| ? | C | ? | | ? | G | ? | | ? | L | ? | | ? | T | ? |

Ihr könnt hierzu auch ein Spiel spielen. Jemand aus der Klasse nennt zwei Buchstaben.
Ist die Reihenfolge richtig, halten die anderen beide Hände nebeneinander hoch.

 P – S   K – M

Ist die Reihenfolge falsch, halten die anderen beide Hände über Kreuz hoch.

 N – M   U – O

⑧ Schreibe für deinen Nachbarn zehn Buchstaben ungeordnet auf. Seine Aufgabe ist es, die Buchstaben in der richtigen Reihenfolge mit Pfeilen zu verbinden.

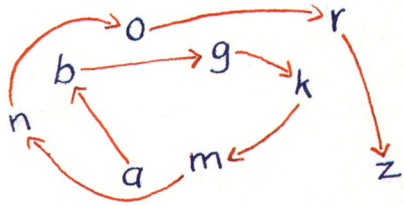

Wir ordnen Wörter nach dem ABC

⑨ Schreibe drei Wörter auf, die dir besonders gut gefallen. Ordne sie nach dem ABC.

⑩ Schreibe deinen Namen auf und dazu drei weitere, die dir gut gefallen. Ordne alle vier Namen nach dem ABC.

⑪ Suche dir fünf Gegenstände aus, die du in deinem Klassenzimmer siehst. Schreibe die Wörter auf. Ordne sie nach dem ABC.

Wir überprüfen die Reihenfolge nach dem ABC

⑫ In den folgenden Reihen von Wörtern stimmt die Reihenfolge nicht. Stelle die richtige Reihenfolge her.

Sonne – Mond

Igel – Hase

Mittwoch – Donnerstag – Freitag

Punkt – Komma – Strich

Drossel – Amsel – Star – Fink

eins – zwei – drei – vier – fünf

⑬ Ihr könnt die Reihenfolge auch im Spiel überprüfen.
Jemand nennt zwei Wörter. Stimmt die Reihenfolge, heben die anderen beide Hände nebeneinander in die Luft.

Februar – März   **Herbst – Winter**

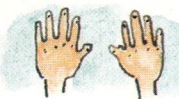 

Stimmt die Reihenfolge nicht, heben die anderen ihre Hände über Kreuz in die Luft.

Januar – Februar   **Messer – Gabel**

⑭ Schreibe für deinen Nachbarn fünf Wörter ungeordnet auf. Seine Aufgabe ist es, die Wörter in der richtigen Reihenfolge mit Pfeilen zu verbinden.

Häufig fangen verschiedene Wörter mit demselben Buchstaben an. Dann bestimmt der zweite Buchstabe die Reihenfolge.

⑮ In den folgenden Reihen von Wörtern stimmt die Reihenfolge nicht. Stelle die richtige Reihenfolge her.

Montag – Mittwoch

Peter – Paul

dich – Dach – doch

Brot – Bett – Bahn

Liebe – Leute – loben – leise

müde – Maurer – mixen – Mehl

In einigen Wörtern stimmen die ersten zwei oder drei Buchstaben überein. Dann bestimmt der nächste Buchstabe die Reihenfolge.

⑯ Welches ist in folgenden Reihen von Wörtern die richtige Reihenfolge?

Brot – Brett – Brille

Maus – Mann – Markt

Stroh – streng – Strand

Schule – Schiff – Schloß

⑰ Zwischen welche Wörter gehört das Wort **Geist**?

Garten ? Gasse
Gegend ? Geld
Gras   ? Gruppe

⑱ Ordne die Vornamen aller Schüler und Schülerinnen deiner Klasse nach dem ABC.

So kannst du dich im Wörterbuch zurechtfinden

Hier stehen die Buchstaben des Alphabets von **A** bis **Z**.
Auf dieser Seite stehen Wörter mit dem Anfangsbuchstaben **B** oder **b**.

Diese fett gedruckten Wörter heißen **Stichwörter**.

Die Stichwörter sind nach dem Alphabet geordnet.

    brechen
    bremsen
    brennen

Stichwörter mit Umlauten (ä, ö, ü) sind eingeordnet wie Wörter ohne Umlaut.

das **Buch**
     bücken
     bunt

Unterscheiden sich zwei Wörter nur durch den Umlaut, so steht das Wort ohne Umlaut vor dem mit Umlaut.

    schon
    schön

Vor Stichwörtern, die Namenwörter (Substantive, Nomen) sind, steht ein Begleiter (Artikel).

① Welcher Begleiter (Artikel) steht vor **Buch, Decke, Dezember**?

Hier stehen Aufgaben zu den Stichwörtern dieser Seite.

B   **Boo**t

das **Boot**
    böse
    boxen
    brauchen
    braun
    brav
    brechen
    bremsen
    brennen
das **Brett**
der **Brief**
die **Brille**
    bringen
das **Brot**
die **Brücke**
der **Bruder**
    brummen
das **Buch**
    bücken
    bunt
die **Burg**
der **Bus**
die **Butter**

① Lies dir die folgenden Wö[rter]
und suche auf dieser Seite da[...]
tauchen, nennen, Bett, sing[en,]
Tuch, Mutter, zanken, wann,

② Schreibe die Wortpaare s[...]
tauchen − brauchen, nennen [...]

deutsch

C

der **Christ**

D

da
danken
dann
daran
darauf
darin
darüber
darum
das
dauern
die **Decke**
dein
dem
den
denken
der
des
deutlich
deutsch

Boot ist das erste und **deutsch** das letzte Stichwort auf dieser Seite.

Du findest hier also auch die Wörter mit **C** und **D**.

Die Stichwörter stehen in der **Grundform**.

② Welches ist die Grundform zu die **Betten,** den **Brüdern,** die **Bücher**?

Namenwörter (Substantive, Nomen) stehen im 1. Fall (Wer-Fall oder Nominativ).

Tunwörter/Tuwörter (Verben) stehen in der Grundform (Nennform oder Infinitiv).

③ Welches ist die Grundform zu sie **bremste,** er **dankte,** wir haben **gedacht**?

Bei Wiewörtern (Adjektiven) ist die Grundform die Form ohne Endung.

④ Welches ist die Grundform zu **bunte, deutlicher,** am **bravsten**?

Zusammengesetzte Namenwörter (Substantive, Nomen) mußt du unter den beiden Wörtern nachschlagen, aus denen die Zusammensetzung besteht.

⑤ Unter welchen Stichwörtern mußt du nachschlagen, wenn du wissen willst, wie folgende Wörter geschrieben werden:
Briefmarke, Brotmesser, Märchenbuch?

ab   **Bank**

A

- ab
- der **Abend**
- aber
- acht
- achten
- der **Acker**
- ähnlich
- alle
- als
- also
- alt
- am
- das **Amt**
- an
- ändern
- anfangen
- angeln
- die **Angst**
- antworten
- der **Apfel**
- der **April**
- arbeiten
- ärgern

- der **Arm**
- der **Arzt**
- der **Ast**
- auch
- auf
- die **Aufgabe**
- aufräumen
- aufwecken
- das **Auge**
- der **August**
- aus
- außen
- das **Auto**
- die **Axt**

B

- der **Bach**
- backen
- baden
- der **Bagger**
- die **Bahn**
- bald
- der **Ball**
- die **Bank**

A B C D E   Der Hase frißt gern Klee.
F G H I J K L   Das Kätzchen hat ein weiches Fell.
M N O P Qu   Unser Hund bellt immerzu.
R S T   Das scheue Reh
U V W   trinkt aus dem See.
X Y Z   Das Schwein ist rund und fett.

① Lerne das ABC-Gedicht auswendig.

Bart — bohren

- der **Bart**
- der **Bauch**
- **bauen**
- der **Baum**
- **begegnen**
- **beginnen**
- **bei**
- **beide**
- das **Bein**
- **beinahe**
- das **Beispiel**
- **beißen**
- **bellen**
- **beobachten**
- **bequem**
- **bereiten**
- **bereits**
- der **Berg**
- **berichten**
- der **Beruf**
- **besser**
- **beten**
- **betrachten**
- das **Bett**
- **bevor**
- **bewegen**
- **biegen**
- das **Bild**
- **billig**
- **bin**
- **binden**
- die **Birne**
- **bis**
- **bißchen**
- **bist**
- **bitten**
- **bitter**
- das **Blatt**
- **blau**
- **bleiben**
- **blicken**
- **blind**
- der **Blitz**
- der **Block**
- **bloß**
- **blühen**
- die **Blume**
- **bluten**
- der **Boden**
- **bohren**

① Lies dir die Wörter **Bart**, **Bauch**, **bauen** laut vor.
Du merkst, **Bart** und **Bauch** bestehen nur aus einer Silbe.
Das Wort **bauen** hat zwei Silben.

② Du findest auf dieser Seite 17 einsilbige Wörter.
Schreibe sie so auf: <u>Namenwörter</u>: Bart, Bauch, ...
<u>Andere Wörter</u>: bei, bin, ...

<u>Namenwörter</u>: Bart, Bauch, Baum, Bein, Berg, Bett, Bild, Blatt, Blitz, Block.
<u>Andere Wörter</u>: bei, bin, bis, bist, blau, blind, bloß.

B   Boot   deutsch

- das **Boot**
- **böse**
- **boxen**
- **brauchen**
- **braun**
- **brav**
- **brechen**
- **bremsen**
- **brennen**
- das **Brett**
- der **Brief**
- die **Brille**
- **bringen**
- das **Brot**
- die **Brücke**
- der **Bruder**
- **brummen**
- das **Buch**
- **bücken**
- **bunt**
- die **Burg**
- der **Bus**
- die **Butter**

C

- der **Christ**

D

- **da**
- **danken**
- **dann**
- **daran**
- **darauf**
- **darin**
- **darüber**
- **darum**
- **das**
- **dauern**
- die **Decke**
- **dein**
- **dem**
- **den**
- **denken**
- **der**
- **des**
- **deutlich**
- **deutsch**

① Lies dir die folgenden Wörter laut vor
und suche auf dieser Seite dazu passende Reimwörter.
**tauchen, nennen, Bett, singen, Boot, Mücke, summen,
Tuch, Mutter, zanken, wann, Hecke, mein, schenken.**

② Schreibe die Wortpaare so auf:
tauchen − brauchen, nennen − ...

Reimwörter sind: brauchen, brennen, Brett, bringen, Brot, Brücke, brummen, Buch, Butter, danken, dann, Decke, dein, denken.

Dezember **El**tern

der **Dezember**	**dunkel**
dich	**durch**
dicht	**dürfen**
dick	
die	
der **Dieb**	**E**
dienen	**echt**
dies	die **Ecke**
dir	die **Ehe**
doch	die **Ehre**
der **Doktor**	**eifrig**
donnern	**eigentlich**
doppelt	**eilen**
das **Dorf**	**ein**
dort	**eine**
der **Draht**	**einem**
drängen	**einen**
draußen	**eines**
dreckig	**einfach**
drehen	**einmal**
drei	**einpacken**
drohen	**eins**
drücken	**einzeln**
du	das **Eis**
dumm	die **Eltern**

① Lies dir die folgenden Namenwörter leise vor:
Gummistiefel, Buch, Ball, Haar, Briefmarke, Aufgabe.

② Suche zu den Dingen auf dieser Seite passende Wiewörter.
Zu manchen Dingen passen auch mehrere Wiewörter.
Schreibe so: Die Gummistiefel sind dicht.
　　　　　　Die Gummistiefel sind dreckig.

Wiewörter sind: dicht, dick, doppelt, dreckig, dumm, dunkel, echt, eifrig, eigentlich, einfach, einzeln.

E

empfangen   **feu**cht

empfangen
empfinden

das **Ende**
eng
die **Ente**
entgegen
er
die **Erde**
erinnern
erklären
erlauben
das **Erlebnis**
ernten
erst
ersticken
erwidern
erzählen
es
essen
etwas
euch
euer
ewig
extra

die **Fabrik**
die **Fahne**
fahren
fallen
falsch
die **Familie**
die **Farbe**
das **Faß**
fassen
fast
der **Februar**
der **Fehler**
feiern
fein
der **Feind**
das **Feld**
das **Fenster**
die **Ferien**
fertig
das **Fest**
fest
fett
feucht

---

① Suche auf dieser Seite alle zweisilbigen Tunwörter/Tuwörter und schreibe sie so auf:
ernten – ich ernte
essen – ich ...
fahren – ich ...

Zweisilbige Tunwörter/Tuwörter sind: ernten – ich ernte, essen – ich esse, fahren – ich fahre, fallen – ich falle, fassen – ich fasse, feiern – ich feiere.

| **Feuer** | **Gei**st |

das **Feuer**	der **Fuchs**
finden	**fühlen**
der **Finger**	**führen**
der **Fisch**	**füllen**
die **Flasche**	**fünf**
das **Fleisch**	**für**
der **Fleiß**	**fürchten**
flicken	der **Fuß**
fliegen	das **Futter**
fließen	
der **Flügel**	**G**
der **Fluß**	
flüstern	**ganz**
folgen	der **Garten**
fragen	die **Gasse**
die **Frau**	das **Gebäude**
fremd	**geben**
fressen	die **Geburt**
freuen	der **Gedanke**
der **Freund**	die **Gefahr**
der **Frieden**	**gegen**
frieren	die **Gegend**
frisch	**geheim**
fröhlich	**gehen**
der **Frühling**	der **Geist**

① Sprich dir alle Wörter leise vor.
In welchen Wörtern hörst du den *i*-Laut?

② Schreibe die Wörter mit dem *i*-Laut auf.
Unterstreiche die Wörter mit *ie*.

Wörter mit dem *i*-Laut: finden, Finger, Fisch, flicken, fliegen, fließen, Frieden, frieren, frisch.

G gelb — hat

gelb
das Geld
gelingen
das Gemüse
gerade
das Geschäft
geschehen
gescheit
das Gesetz
das Gesicht
gestern
gesund
das Getreide
die Gewalt
das Gewicht
gewinnen
das Gewitter
gießen
giftig
der Gipfel
glatt
glauben
gleich
die Glocke
das Glück

glühen
der Gott
graben
das Gras
greifen
groß
grün
die Gruppe
grüßen
der Gummi
gut

H

das Haar
haben
der Haken
halb
der Hals
halten
die Hand
hängen
hart
der Hase
hat

---

① Sprich dir alle Wörter leise vor.
Bei 13 Wörtern hörst du am Ende den *t*-Laut.
Dieser Laut wird manchmal als *t*, manchmal als *d* geschrieben.

② Schreibe die Wörter mit dem *t*-Laut geordnet auf.
<u>Wörter mit *d* am Ende</u>: Geld, ...
<u>Wörter mit *t* am Ende</u>: Geschäft, ...

Wörter mit dem *t*-Laut am Ende: Geld, Geschäft, gescheit, Gesicht, gesund, Gewalt, Gewicht, glatt, Gott, gut, Hand, hart, hat.

| **ha**tte | **im**pfen |

	hatte		höflich
der	Haufen	die	Höhle
	häufig		holen
das	Haus	das	Holz
	heben	der	Honig
das	Heft		hören
	heiraten	die	Hose
	heiß	das	Hotel
	heißen	der	Hund
	heizen	der	Hunger
	helfen		hüpfen
	her	die	Hütte
der	Herbst		
der	Herr		**I**
das	Herz		
	hetzen		ich
	heulen	der	Igel
	heute		ihm
die	Hexe		ihn
	hier		ihnen
der	Himmel		ihr
	hin		ihre
die	Hitze		im
	hocken		immer
	hoffen		impfen

Bei allen Wörtern, die mit *h* oder *H* beginnen, folgt entweder ein Selbstlaut (a, e, i, o, u), ein Umlaut (ä, ö, ü) oder ein Doppellaut/Zwielaut (au, äu, ei, eu).

① Überprüfe das auf dieser Seite. Schreibe auf:
<u>Wörter mit Umlaut</u>: höflich, ...
<u>Wörter mit Doppellaut/Zwielaut</u>: Haufen, ...

<u>Wörter mit Umlaut</u>: höflich, Höhle, hören, hüpfen, Hütte
<u>Wörter mit Doppellaut/Zwielaut</u>: Haufen, häufig, Haus, heiraten, heiß, heißen, heizen, heulen, heute.

I

in   **Kissen**

    in
    innen
    ins
die **Insel**   der **Kaffee**
    irren   der **Käfig**
    ist   kahl
                        der **Kahn**
                        kalt

                        der **Kamm**
                        der **Kampf**
    ja   kann
die **Jacke**   die **Kanne**
    jagen   die **Karte**
das **Jahr**   die **Kartoffel**
der **Januar**   die **Kasse**
    jeder   die **Katze**
    jemand   kaufen
    jetzt   kein
    jubeln   der **Keller**
die **Jugend**   kennen
der **Juli**   die **Kette**
    jung   keuchen
der **Juni**   kichern
                        das **Kind**
                        die **Kirche**
                        das **Kissen**

---

① Schreibe die folgenden Wörter mit ihrem Vorgänger und ihrem Nachfolger auf:
Insel, Jacke, jeder, jung, kahl, Katze, Kind.
Schreibe so:
ins – die Insel – irren, . . .

Lösung: ins – die Insel – irren, ja – die Jacke – jagen, der Januar – jeder – jemand, der Juli – jung – der Käfig – kahl – der Kahn, die Kasse – die Katze – kaufen, kichern – das Kind – die Kirche.

	klar		**leise**
	klar	der	Krieg
die	Klasse	die	Küche
	kleben	die	Kugel
das	Kleid	die	Kuh
	klein		kühl
	klettern	die	Kunst
	klopfen		kurz
	klug	der	Kuß
	knallen		
	knicken		
der	Knochen		**L**
der	Knopf		lachen
	kochen	die	Lampe
der	Koffer		lang
die	Kohle	der	Lärm
	kommen		lassen
der	König	das	Laub
	können		laufen
der	Kopf		laut
	kosten	das	Leben
der	Kran		legen
	krank	der	Lehrer
	kratzen		leicht
das	Kreuz		leiden
	kriechen		leise

① Schreibe die folgenden Wortgruppen ab:
klettern bis **klug**, **knallen** bis **Knochen**, **Koffer** bis **kommen**, **Kunst** bis **Kuß**, **leicht** bis **leise**.

② Kennzeichne in jedem Wort den Buchstaben, der für die Einordnung wichtig war.

Lösung: klettern, klopfen, klug; knallen, knicken, Knochen; Koffer, Kohle, kommen; Kunst, kurz, Kuß; leicht, leiden, leise.

leiten **meh**r

leiten
lernen
lesen
leuchten
die Leute
das Lexikon
das Licht
lieben
das Lied
liefern
liegen
links
der Liter
das Loch
locker
der Löffel
der Lohn
los
löschen
die Lücke
die Luft
lügen
lustig

M

machen
das Mädchen
mähen
mahlen
mahnen
der Mai
malen
man
manchmal
der Mann
der Mantel
die Mark
die Marke
der Markt
marschieren
der März
die Maschine
das Maß
die Mauer
die Maus
das Meer
das Mehl
mehr

① Suche zu den folgenden Mehrzahlformen der Namenwörter die Einzahlform: die **Lieder**, die **Löcher**, die **Männer**; die **Liter**, die **Löffel**, die **Mädchen**; die **Lücken**, die **Maschinen**, die **Mauern**. Schreibe so: die Lieder, das Lied, ...
② Unterstreiche, wodurch sich die Mehrzahlform von der Einzahlform unterscheidet: die Lieder, das Lied, ...

die Lieder, das Lied, die Löcher, das Loch, die Männer, der Mann; die Liter, der Liter, die Löffel, der Löffel, die Mädchen, das Mädchen; die Lücken, die Lücke, die Maschinen, die Maschine, die Mauern, die Mauer.

mein — nein

mein
meinen
melden
die Menge
der Mensch
merken
messen
das Messer
der Meter
der Metzger
mich
die Miete
die Milch
die Minute
mir
mit
miteinander
der Mittag
die Mitte
mixen
das Möbel
mögen
der Monat
morgen
der Motor

müde
der Müll
die Musik
müssen
mutig
die Mutter
die Mütze

N

nach
der Nachbar
die Nacht
nackt
nah
nähen
die Nahrung
der Name
nämlich
die Nase
naß
die Natur
neben
nehmen
nein

① Suche auf dieser Seite für folgende Namenwörter das passende Ergänzungswort: **Bäcker, Gabel, Jahr, Kakao, Ohren, Schal, Stunde, Tag, Tanz, Tier, Vater, Zentimeter**.
Schreibe so:
Bäcker und Metzger, Messer und Gabel, ...

Bäcker und Metzger, Messer und Gabel, Monat und Jahr, Milch und Kakao, Nase und Ohren, Mütze und Schal, Stunde und Minute, Tag und Nacht, Musik und Tanz, Mensch und Tier, Mutter und Vater, Meter und Zentimeter.

nennen **Paß**

nennen
das **Nest**
nett
das **Netz**
neu
neun
nicht
nichts
nie
nieder
niemals
niemand
nirgends
noch
die **Not**
die **Note**
der **November**
die **Nummer**
nun
nur
die **Nuß**
nützen

ob
oben
das **Obst**
oder
offen
oft
ohne
das **Ohr**
der **Oktober**
der **Omnibus**
der **Onkel**
ordnen
der **Ort**
das **Ostern**

P

das **Päckchen**
packen
das **Paket**
das **Papier**
parken
der **Paß**

---

① Suche zu diesen Formen der Tunwörter/Tuwörter auf dieser Seite die Grundform: **nennt, nützt, ordnet, packt, parkt**.
Schreibe so:
er nennt – nennen, . . .

② Suche zu diesen Mehrzahlformen der Namenwörter die Einzahlform: die **Nester**, die **Netze**, die **Ohren**, die **Päckchen**, die **Pakete**.
Schreibe so:
die Nester – das Nest, . . .

passen   **rei**ten

    passen
die **Pause**
    pfeifen
der **Pfennig**
das **Pferd**
    pflanzen
    pflegen
die **Pflicht**
das **Pfund**
die **Pfütze**
der **Pinsel**
der **Platz**
    plötzlich
der **Polizist**
die **Post**
die **Praxis**
der **Preis**
die **Prüfung**
die **Puppe**
    putzen

Qu

    quälen
der **Quark**
die **Quelle**

R

die **Rakete**
    rasch
    raten
    rauchen
    rauh
der **Raum**
    rechnen
    rechts
    reden
der **Regen**
    reich
    reif
die **Reihe**
    rein
    reisen
    reißen
    reiten

---

① Ordne die folgenden Wörter nach dem ABC:
Pech, **Puppe**, **Pfennig**, **platzen**, **Post**, **Pilz**, **Pause**, **Pfote**, **Polizist**, **Planet**.

(Nicht alle Wörter findest du auf dieser Seite.)

Nach dem ABC geordnet: die Pause, das Pech, der Pfennig, die Pfote, der Pilz, der Planet, platzen, der Polizist, die Post, die Puppe.

rennen　　　　　　　　　　　　　　　　　　**schie**f

rennen
der Rest
retten
richtig
riechen
der Ring
der Riß
der Rock
roh
rollen
die Rose
rosten
rot
der Rücken
rücken
rudern
rufen
die Ruhe
rühren
rund
rutschen

S

die Sache
der Sack
sagen
der Salat
das Salz
sammeln
der Sand
der Satz
sauber
schaffen
die Schale
schämen
scharf
der Schatten
schauen
die Schaukel
scheinen
schenken
die Schere
der Schi
schicken
schieben
schief

---

① Suche zu den folgenden Formen der Tunwörter/Tuwörter auf dieser Seite die Grundform: **rettete, rollte, ruderte, sagte, sammelte, schaute, schenkte, schob, schien, rief, roch.**
Schreibe so:
sie rettete – retten, ...

sie rettete – retten, sie rief – rufen, sie roch – riechen, sie rollte – rollen,
sie ruderte – rudern, sie sagte – sagen, sie sammelte – sammeln,
sie schaute – schauen, sie schenkte – schenken, sie schien – scheinen,
sie schob – schieben.

| **schießen** | **sehr** |

	schießen		schöpfen
das	Schiff		schrecklich
	schimpfen		schreiben
	schlafen		schreien
	schlagen		schüchtern
	schlecht	der	Schuh
	schleichen	die	Schule
	schließen	die	Schulter
	schlimm	die	Schürze
der	Schlitten	die	Schüssel
das	Schloß		schütteln
	schlucken		schütten
	schlüpfen		schützen
der	Schlüssel	der	Schwanz
	schmal		schwarz
	schmecken		schweigen
der	Schmerz		schwer
	schmücken	die	Schwester
der	Schmutz		schwierig
der	Schnabel		schwimmen
der	Schnee		schwitzen
	schneiden		sechs
	schnell	der	See
die	Schokolade		sehen
	schön		sehr

Die folgenden zusammengesetzten Namenwörter bestehen aus zwei Namenwörtern: der **Schlittenhund**, der **Vogelschnabel**, der **Schneeball**, der **Hausschuh**, die **Schloßtreppe**, die **Baumschule**, der **Schlüsselring**, der **Seehund**.

① Auf dieser Seite findest du entweder den vorderen oder den hinteren Teil dieser zusammengesetzten Namenwörter.
Auf welcher Seite findest du den anderen Teil?
Schreibe so:
der Schlittenhund – der Schlitten, der Hund (Seite 15)

S   seid   stecken

	seid	der	**Sohn**
die	**Seife**		sollen
	sein	der	**Sommer**
	seine		sondern
	seiner	die	**Sonne**
	seit		sonst
die	**Seite**		sorgen
	selber	die	**Spannung**
	selbst	der	**Spaß**
	selten		spät
	senden	die	**Speise**
der	**September**	der	**Spiegel**
der	**Sessel**		spielen
	setzen	die	**Spitze**
	sich	der	**Sport**
	sicher		spotten
	sie		sprechen
	sieben		springen
	siegen		spritzen
	sind		spüren
	singen	der	**Stab**
	sinken	die	**Stadt**
	sitzen	der	**Stamm**
	so		stark
	sofort		stecken

① Zu welchem Stichwort gehören die folgenden Wörter?
Sommerzeit, Sieger, siebzehn, Sonntag, Sonnenblume, Sommerfest, siebzig, siegreich, Sommersprossen, Siegerurkunde, Sonnenbrille, siebenhundert, Siegerehrung, siebentausend, sonnig, sommerlich, besiegen, siebenmal, Sonnenbrand.
Schreibe so: <u>sieben</u>: siebzehn, ...
              <u>siegen</u>: Sieger, ...
              <u>Sommer</u>: ...
              <u>Sonne</u>: ...

stehlen | **Te**ppich

stehlen
steigen
steil
der Stein
stellen
sterben
der Stern
die Steuer
der Stiel
still
stimmen
die Stirn
der Stoff
stolz
stören
stoßen
die Strafe
der Strand
die Straße
der Strauß
streicheln
streng
stricken
das Stroh
der Strom

das Stück
der Stuhl
stumpf
die Stunde
stürmen
stürzen
stützen
suchen
süß

T

die Tafel
der Tag
tanzen
tapfer
die Tasche
die Tasse
tauchen
tausend
das Taxi
teilen
das Telefon
der Teller
der Teppich

---

① Suche zu diesen Formen der Tunwörter/Tuwörter auf dieser Seite die Grundformen: du **stiehlst**, er **stieg**, sie **starb**, du **stößt**, er **stiehlt**, sie **steigt**, du **stirbst**, er **stößt**, sie **stahl**, du **steigst**, er **stirbt**, sie **stieß**.
Schreibe so:
du stiehlst – stehlen, …

du stiehlst – stehlen, er stieg – steigen, sie starb – sterben, du stößt – stoßen, er stiehlt – stehlen, sie steigt – steigen, du stirbst – sterben, er stößt – stoßen, sie stahl – stehlen, du steigst – steigen, er stirbt – sterben, sie stieß – stoßen.

T — teuer — vergessen

teuer
der Text
das Theater
tief
das Tier
die Tochter
die Tomate
tot
tragen
die Träne
trauen
der Traum
treffen
treiben
trennen
die Treppe
treten
treu
trinken
trocken
tropfen
trotzdem
tun
turnen
die Tüte

U

üben
über
überall
überqueren
die Uhr
um
umkehren
und
ungefähr
uns
unser
unter
der Unterricht
unterscheiden
der Urlaub

V

die Vase
der Vater
verbieten
der Verdacht
vergessen

---

① Suche zu diesen Formen der Wiewörter auf dieser Seite die Grundform:
teurer, treuer, tiefer, am **treuesten,** am **teuersten,** am **tiefsten, tiefste, teuerste, treueste**.
Schreibe so:
teurer – teuer, ...

Lösung: teurer – teuer, treuer – treu, tiefer – tief, am treuesten – treu, am teuersten – teuer, am tiefsten – tief, tiefste – tief, teuerste – teuer, treueste – treu.

verhindern — weinen

verhindern
der Verkehr
verlangen
verletzen
verlieren
versäumen
verschwinden
verstehen
das Vieh
viel
vielleicht
vier
der Vogel
das Volk
voll
vom
von
vor
vorsichtig

W

wachsen
der Wagen
wählen
wahr
während
der Wald
wandern
war
die Wärme
warnen
warten
was
waschen
das Wasser
wechseln
weder
der Weg
wegen
wehren
weich
das Weihnachten
weil
weinen

---

① Es gibt viele Tunwörter/Tuwörter mit dem Wortbaustein ver. Nach welchem Wort mußt du die folgenden Tunwörter/Tuwörter einordnen? **verkaufen, verraten, versuchen, verkleiden, vertragen, verstecken, verloren**.
② Kennzeichne den Buchstaben, der für die Einordnung wichtig war.

Lösung: verhindern – verkaufen, verlieren – verraten, verstehen – versuchen, Verkehr – verkleiden, verstehen – vertragen, verstehen – verstecken – verstehen, verlieren – verloren.

W — weiß — Zeit

weiß
weit
welche
die Welt
wem
wenden
wenig
wenn
wer
werden
werfen
wert
wetten
das Wetter
wichtig
wie
wieder
wiegen
die Wiese
wild
der Wind
der Winter
wir
wird
wirken

wissen
wo
die Woche
die Wohnung
die Wolke
wollen
das Wort
die Wunde
wünschen
der Würfel
der Wurm
die Wurst
die Wut

Z

zäh
die Zahl
zahlen
der Zahn
zehn
das Zeichen
zeichnen
zeigen
die Zeit

① Wähle auf dieser Seite drei W-Wörter aus und verwende sie in einem Satz.
Beispiel: **Wetter, Winter, wird**.
 Im Winter wird das Wetter schlecht.

② Du kannst auch Z-Sätze bilden.
Beispiel: **zehn, Zeichen, zeichnen**.
 Wir sollen zehn Verkehrszeichen abzeichnen.

Zeitung   zwischen   **Z**

die **Zeitung**
das **Zelt**
der **Zentner**
der **Zettel**
das **Zeugnis**
   ziehen
das **Ziel**
das **Zimmer**
   zittern
   zu
der **Zucker**
der **Zug**
   zuletzt
   zum
die **Zunge**
   zur
   zurück
   zusammen
der **Zweck**
   zwei
   zwischen

Zahlwörter	Ordnungszahlen
eins	erste
zwei	zweite
drei	dritte
vier	vierte
fünf	fünfte
sechs	sechste
sieben	siebte
acht	achte
neun	neunte
zehn	zehnte
elf	elfte
zwölf	zwölfte
dreizehn	dreizehnte
zwanzig	zwanzigste
dreißig	dreißigste
vierzig	vierzigste
fünfzig	fünfzigste
sechzig	sechzigste
siebzig	siebzigste
achtzig	achtzigste
neunzig	neunzigste
hundert	hundertste
tausend	tausendste

① Ordne die Zahlwörter von eins bis zwölf nach dem ABC und schreibe sie so auf: acht, drei, ...

② Ersetze in den folgenden Sätzen die Ziffern durch Wörter.
Ute geht in die 4. Klasse.
Opa feiert seinen 60. Geburtstag.
Ich habe den 3. Preis gewonnen.
Meine Eltern haben heute ihren 10. Hochzeitstag.
Der 1000. Besucher bekommt eine Freikarte.

Wie schreibt man das bloß?

Hilfsregeln für die Rechtschreibung

In sehr vielen Fällen hilft eine deutliche Aussprache, die richtige Schreibung der Wörter zu finden.

backen / **packen**
der **Baß** / der **Paß**

danken / **tanken**
das **Ende** / die **Ente**

fein / der **Wein**
fort / das **Wort**

die **Grippe** / die **Krippe**
der **Garten** / die **Karten**

sauber / der **Zauber**
reisen / **reizen**

Grundregel

① Worin unterscheiden sich die Wörter in der Aussprache? Lies die Wörter mit deutlicher Aussprache vor.

② Nenne die Buchstabenpaare, bei denen du einen Unterschied in der Aussprache bemerkst.

③ In manchen Mundarten werden einzelne Buchstaben anders ausgesprochen. In solchen Fällen kann auch eine deutliche Aussprache nicht helfen. So wird im Sächsischen z.B. das **t** wie ein **d** und daher das Wort **Ente** wie das Wort **Ende** ausgesprochen. Wie ist das bei euch?

Für den Fall, daß sich die Schreibung eines Wortes nicht durch die Aussprache herausfinden läßt, gibt es zwei Hilfsregeln.

Ist die Schreibung eines ungebeugten Wortes im Auslaut unklar, so verlängere das Wort und achte auf die Aussprache der verlängerten Form, z.B.

das **Rad** → die **Räder**
der **Rat** → die **Räte**

1. Hilfsregel

Wende die erste Hilfsregel an.

① Schreibt man **b** oder **p**?

der **Die**▮, der **Stau**▮, **lie**▮, der **Sta**▮, das **Sie**▮, das **Lo**▮, der **Kor**▮, **gel**▮

② Schreibt man **d** oder **t**?

der **Aben**▮, die **Nach**▮, **al**▮, das **Fahrra**▮, **dich**▮, **blin**▮, die **Gegen**▮, der **Sala**▮, **frem**▮, der **Abschie**▮, die **Faulhei**▮

③ Schreibt man **g** oder **k**?

die **Ban**▮, der **Umwe**▮, die **Musi**▮, die **Fabri**▮, der **Schla**▮, der **Ta**▮, der **We**▮, das **Vol**▮, **kran**▮, die **Zeichnun**▮, der **Zwer**▮

Ist die Schreibung eines gebeugten Wortes unklar, so bilde die Grundform des Wortes und achte auf die Aussprache, z.B.

singt → **singen**
sinkt → **sinken**

die **Fälle** → der **Fall**
die **Felder** → das **Feld**

2. Hilfsregel

Wende die zweite Hilfsregel an.

① Schreibt man **g** oder **k**?

sie **den**▮**t**, er **sä**▮**t**, sie **sprin**▮**t**, er **trin**▮**t**, du **lü**▮**st**, sie **dan**▮**t**, er **sa**▮**t**, sie **par**▮**t**, er **win**▮**t**, du **flie**▮**st**

② Schreibt man **e** oder **ä**?

die **Pl**▮**ne**, die **Zw**▮**rge**, sie **f**▮**llt**, er **b**▮**llt**, du **f**▮**hrst**, **s**▮**tz** dich!, die **S**▮**tze**, die **Gesch**▮**nke**, du **schl**▮**gst**

Tips für schnelles und sicheres Nachschlagen

Im Wörterbuch sind die Stichwörter nach dem Alphabet geordnet.

① Warum ist das so?

Wenn du dich im Wörterbuch zurechtfinden willst, mußt du das Alphabet beherrschen.

② Wenn du das Alphabet noch nicht sicher beherrschst, helfen dir die Übungen auf den Seiten 4 und 5.

③ Sortiere die folgenden Wörter nach dem Alphabet.

jung, der **Juli**, der **Joghurt**, das **Junge**, **jucken**, **jubeln**, die **Jugend**, der **Junge**, der **Juni**

④ Bei den folgenden Wörtern fehlt der erste Buchstabe. Ergänze den fehlenden Anfangsbuchstaben, und ordne dann die Wörter nach dem Alphabet.

nospe, **leidung**, **rähen**, **äfer**, **apitän**, **erl**, **irsche**, **ontrollieren**, **nattern**, **riechen**

Wenn du ein Wort mit einem bestimmten Anfangsbuchstaben suchst, mußt du das Wörterbuch nicht von Anfang an durchblättern.

⑤ Blättere dein Wörterbuch schnell durch, und achte dabei auf den oberen Seitenrand. Was fällt dir auf?

⑥ Wo findest du das Stichwort **Flügel** und wo das Stichwort **Vogel**?
Eher am Anfang, in der Mitte oder am Ende des Wörterbuchs?

⑦ Auf welchen Seiten stehen die Stichwörter, die ein **g** oder **G** als Anfangsbuchstaben haben?

⑧ Auf welchen Seiten stehen die Stichwörter, die mit **he** oder **He** anfangen?

⑨ Auf welcher Seite stehen die Stichwörter, die mit **scha** oder **schä** anfangen?

⑩ Auf welchen Seiten stehen die Stichwörter, die mit **str** oder **Str** anfangen?

Wörter im Wörterbuch finden – auf einen Blick

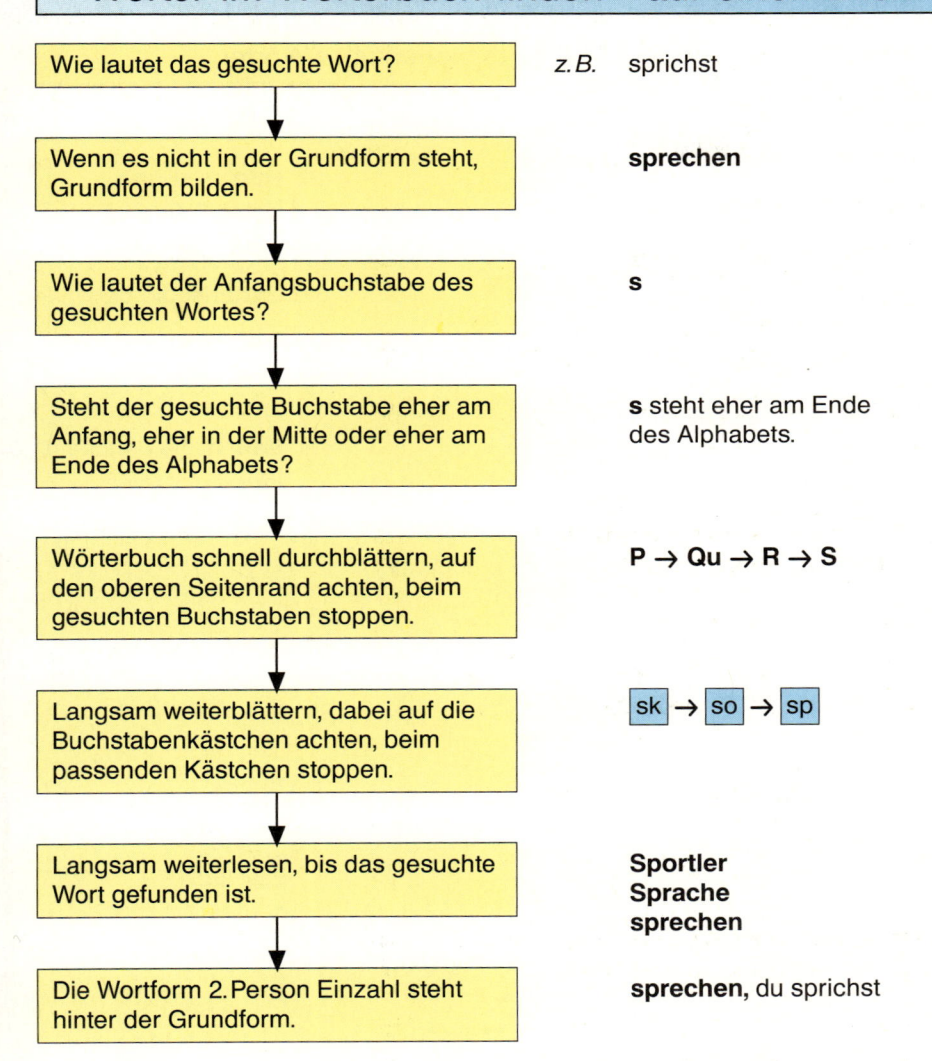

Wie lautet das gesuchte Wort?	z. B. sprichst
Wenn es nicht in der Grundform steht, Grundform bilden.	**sprechen**
Wie lautet der Anfangsbuchstabe des gesuchten Wortes?	**s**
Steht der gesuchte Buchstabe eher am Anfang, eher in der Mitte oder eher am Ende des Alphabets?	**s** steht eher am Ende des Alphabets.
Wörterbuch schnell durchblättern, auf den oberen Seitenrand achten, beim gesuchten Buchstaben stoppen.	**P → Qu → R → S**
Langsam weiterblättern, dabei auf die Buchstabenkästchen achten, beim passenden Kästchen stoppen.	sk → so → sp
Langsam weiterlesen, bis das gesuchte Wort gefunden ist.	**Sportler** **Sprache** **sprechen**
Die Wortform 2. Person Einzahl steht hinter der Grundform.	**sprechen,** du sprichst

Diese Angaben findest du zu den Wörtern

Ein Wörterbuch enthält Wörter und Informationen über Wörter.

Die Wörter, zu denen Informationen gegeben werden, heißen **Stichwörter**. Stichwörter stehen in der Grundform.

Hier stehen die Buchstaben des Alphabets von **A** bis **Z**.
Auf dieser Seite stehen die Wörter mit dem Anfangsbuchstaben **B**.

Hier folgen die Stichwörter mit den Anfangsbuchstaben **be, Be**.

Zu den Stichwörtern gehören auch die **Wortbausteine**. Manche Wortbausteine kommen als selbständige Wörter vor.

Zu den Stichwörtern gehören auch die **Abkürzungen**, z. B. **km, kg, Ztr.**

Manchmal findest du auch Personalformen als Stichwörter, z. B. **aß** (von: essen).

Zu manchen Stichwörtern gibt es **Nebenformen**, z. B. **gern** (auch: gerne), der **Schi**, die Schier (auch: der Ski, die Skier).

Bei den Namenwörtern (Nomen, Substantiven) findest du den Begleiter (Artikel) und die Mehrzahlform.

Einige wenige Namenwörter kommen nur in der Einzahl vor. Dann fehlt die Angabe der Mehrzahlform.

Bei den Zeitwörtern (Verben) findest du schwierige Personalformen, z. B. **bauen**, du baust – **beginnen**, du beginnst, er begann, sie hat begonnen.

Bei den Eigenschaftswörtern (Adjektiven) findest du schwierige Vergleichsformen, z. B. **dick**, dicker, am dicksten – **gut**, besser, am besten.

B

Bart

der **Bart,** die Bärte
basteln, du bastelst

die **Batterie,** die Batterien

der **Bauch,** die Bäuche ▷ 81
bauen, du baust ▷ 133

der **Bauer,** die Bauern ▷ 69
die **Bäuerin,** die Bäuerinnen ▷
der **Baum,** die Bäume ▷ 57

be

be — Be

der **Becher,** die Becher ▷ 105
🅣 das **Becken,** die Becken ▷ 81

Vor manchen Stichwörtern findest du 🅣
Diese Wörter sind **Teekesselwörter**.
Auf den Seiten 196 bis 200 stehen die Auflösungen.

Nach vielen Stichwörtern findest du einen Pfeil. Diese Pfeile verweisen auf **Sachtafeln**, z. B. ▷ 113 verweist auf die Sachtafel auf Seite 113.

behaupten

Wir basteln mit Holz, Stroh, Lehm, Ton, Bast und Papier.
Trenne so: ba-steln
In einer Batterie ist Strom gespeichert. Wenn die Batterie leer ist, leuchtet die Lampe nicht mehr.

Zu dem Wort *bauen* kannst du viele verwandte Wörter finden. Sie gehören zur gleichen Wortfamilie: der Bau, die Bauten, der Hausbau, der Fuchsbau, der Bauarbeiter, das Gebäude, die Bude, baufällig, aufbauen, anbauen, der Bauer, …

der Baumstamm, die Baumkrone, die Baumschule, der Apfelbaum, …

be ist ein Wortbaustein: be deuten, be gleiten, be greifen, be grüßen, be halten, be kommen, be laden, be lohnen, die Be lohnung, be lügen, be merken, be schimpfen, be schreiben, be sorgen, be stellen, be suchen, be treten, be zahlen, …

Bei einigen Eigenschaftswörtern findest du die **Gegenwörter**, z. B. **billig** – Das Gegenteil von *billig* ist *teuer.*

Zu den meisten Wörtern findest du **Beispielsätze.**

Sprechblasen zeigen dir, daß diese Wörter zwar häufig gesprochen, aber nur selten geschrieben werden. *Tschüs!*

Auf dieser Seite stehen alle Stichwörter zwischen **Bart** und **behaupten.**

Das Stichwort zeigt dir immer auch die **Rechtschreibung.**

In schwierigen Fällen wird die **Silbentrennung** angegeben, z. B.
basteln – Trenne so: ba-steln
beobachten – Trenne so: beob-achten
hinauf – Trenne so: hin-auf

Bei manchen Stichwörtern wird angegeben, daß sie zusammen mit verwandten Wörtern eine **Wortfamilie** bilden.

Bei manchen Stichwörtern wird angegeben, daß sie zusammen mit sinnverwandten Wörtern ein **Wortfeld** bilden, z. B. **sagen** – Zu dem Wort *sagen* kannst du viele Wörter finden, die eine ähnliche Bedeutung haben. Sie gehören zum gleichen Wortfeld: erzählen, sprechen, berichten, reden, fragen, antworten, flüstern, rufen …
Einige Wortfelder findest du auf den Seiten 194 und 195.

Mit vielen Wörtern lassen sich **Zusammensetzungen** bilden, z. B. der **Baum,** die Bäume – der Baumstamm, die Baumkrone, die Baumschule, der Apfelbaum.

Bei einigen Wörtern wird ihre **Herkunft** erklärt, z. B. das **Buch,** die Bücher – Früher schrieben die Leute auf Tafeln aus Buchenholz. Das *Buch* und der *Buchstabe* wurden nach der *Buche* benannt.

Bei einigen Wörtern wird ihre **Bedeutung** erklärt, z. B. der **Cowboy** – Der Name *Cowboy* kommt aus der englischen Sprache und bedeutet *Kuhjunge.*

35

Woran kann es liegen, ...

**Woran kann es liegen, und was kannst du tun,
wenn du ein Wort nicht gefunden hast?**

1. Das Wort, das du suchst, steht im Wörterbuch. Du hast das Wort überlesen.

   Lösung:
   Genau lesen.

2. Das Wort, das du suchst, steht nicht in der Grundform: z. B.   gegriffen, die Kämme

   Lösung:
   Grundform bilden: **greifen,** der **Kamm**

3. Das Wort, das du suchst, besteht aus Wortbaustein + Grundwort: z. B.   begreifen = be + greifen
   vorgreifen = vor + greifen

   Lösung:
   a) Unter dem Wortbaustein nachschlagen: |be| |Be| : |be|deuten,
        |be|gleiten,
        |be|greifen ...

   b) Unter dem Wortbaustein und unter dem Grundwort nachschlagen: **vor, greifen**

4. Das Wort, das du suchst, ist aus zwei Wörtern zusammengesetzt: z. B.   Holzgriff = Holz + Griff

   Lösung:
   Unter jedem der beiden Wörter nachschlagen: das **Holz,** der **Griff**

5. Das Wort, das du suchst, ist aus einem anderen Wort abgeleitet: z. B.   begreiflich
   begreifen + lich

   Lösung:
   Unter dem Wort nachschlagen, aus dem das gesuchte Wort abgeleitet ist: begreifen

6. Das Wort, das du suchst, wird anders geschrieben, als du vermutest.

Lösung:
Unter einem anderen Buchstaben nachschlagen.

Nicht gefunden unter	Schlag nach unter	Beispiele
ä/Ä	**e/E**	**essen,** die **Eltern**
At	**Ad**	das **Adjektiv,** der **Advent**
ap/Ap	**ab/Ab**	**abwechseln,** der **Absatz**
äu/Äu	**eu/Eu**	**euch,** die **Eule**
e/E	**ä/Ä**	**ähnlich,** die **Ähnlichkeit**
eu	**äu**	sich **äußern**
f/F	**pf/Pf**	**pfui,** die **Pfote**
	v/V	**verbieten,** der **Vogel**
k/K	**c/C**	**campen,** der **Cowboy**
	ch/Ch	**christlich,** der **Chor**
op/Op	**ob/Ob**	**obwohl,** das **Obst**
sch/Sch	**sp/Sp**	**spielen,** die **Spucke**
	st/St	**staunen,** der **Stein**
	Ch	der **Chef**
v/V	**f/F**	**fertig,** der **Fernseher**
W	**V**	das **Video,** der **Vokal**

A

Aal   **Ab**leger

A

aa

der **Aal,** die Aale

Aale schlüpfen im Salzwasser. Sie verbringen aber den größten Teil ihres Lebens im Süßwasser.

ab

ab, ab heute

|ab| |Ab|

Das Wort *ab* begegnet dir oft:
ab morgen, ab Ostern, …
Am häufigsten begegnet dir dieses Wort als Wortbaustein: |ab|fahren, die |Ab|fahrt, |ab|geben, |ab|holen, |ab|machen, |ab|nehmen, |ab|schneiden, |ab|schreiben, …

Abb.

Unter manchen Bildern steht die Abkürzung *Abb.* für *Abbildung*.

die **Abbildung,** die Abbildungen
das **Abc** (auch: das ABC) ⇨ 157
der **Abend,** die Abende, am Abend, eines Abends, abends ⇨ 188

Das Abc heißt auch Alphabet.

Guten Abend! Am Freitagabend kommt meine Lieblingssendung.

das **Abendbrot**
das **Abendessen**
    abends

Es wird abends schon früh dunkel. Diese Zeitangaben werden klein geschrieben: *morgens, mittags, abends, nachts.*

das **Abenteuer,** die Abenteuer ⇨ 145
    abenteuerlich

Manche Reise ist auch heute noch abenteuerlich.
Klein, aber fein!

    aber
der **Abfall,** die Abfälle
|ab||ge|

Hier kommen zwei Wortbausteine zusammen: |ab||ge|schrieben, |ab|schreiben, schreiben.
Abgemacht ist abgemacht!

    abgemacht, du machst ab
die **Abkürzung,** die Abkürzungen
der **Ableger,** die Ableger

Pflanzentriebe heißen auch *Ableger.*

ablenken   AG

	ablenken, du lenkst ab	Du hast ihn abgelenkt.
der	**Absatz,** die Absätze	Lies bis zum nächsten Absatz!
		Du brauchst neue Absätze an deinen Schuhen.
der	**Absender,** die Absender ⇨ 187	Die Abkürzung *Abs.* steht für *Absender.*
	absichtlich	
	abstimmen, du stimmst ab	Wir stimmen über den Vorschlag ab.
die	**Abstimmung,** die Abstimmungen	
	abwärts	Sie ist den Weg abwärts gegangen.
das	**Abwasser,** die Abwässer	Die Abwässer müssen gereinigt werden.
sich	**abwechseln**	Wir wechseln uns ab.

ac

ach   Ach, du liebe Zeit!

acht, achtzehn, achtzig, achthundert, achtmal
Ich bin acht Jahre alt.
Sie ist die achte Läuferin in der Staffel.
achten, du achtest
Vorfahrt achten!
die **Achtung**
Achtung! Baustelle.
der **Acker,** die Äcker ⇨ 53, 69
Trenne so: Ak-ker

ad

addieren, du addierst
Sie addiert die Zahlenreihen.
die **Addition,** die Additionen
Die Addition großer Zahlen ist mit dem Taschenrechner kinderleicht.

die **Ader,** die Adern ⇨ 81
das **Adjektiv,** die Adjektive ⇨ 157
Das *Adjektiv* heißt auch *Wiewort* oder *Eigenschaftswort.*

der **Adler,** die Adler
die **Adresse,** die Adressen ⇨ 187
Wir adressieren unseren Brief.
der **Advent**

af

der **Affe,** die Affen ⇨ 73
Du sollst nicht alles nachäffen!
Afrika

ag

die **AG,** die AGs
AG ist eine Abkürzung für *Arbeitsgemeinschaft.*

A   ah   Alter

ah   äh

ah   Ah, das schmeckt!

ähnlich   Die beiden sehen sich ähnlich.
die **Ähnlichkeit,** die Ähnlichkeiten   Ihre Ähnlichkeit ist verblüffend.
der **Ahorn,** die Ahorne ⇨ 65
die **Ahnung,** die Ahnungen   Du hast keine Ahnung.

ak

das **Akkordeon,** die Akkordeons ⇨ 149   Die *Handharmonika* heißt *Akkordeon.*
der **Akkusativ,** die Akkusative ⇨ 157   Der *Akkusativ* ist der *4. Fall (Wenfall).*
aktuell   Daraus machen wir einen aktuellen
                       Bericht für die Schülerzeitung.

al

der **Alarm,** die Alarme   Bei Feueralarm verlassen alle Schüler
alarmieren, du alarmierst   das Gebäude. Die Sirene alarmiert uns.
albern
das **Album,** die Alben   Es gibt Alben für Fotos, Briefmarken
                       und Münzen. Was sammelst du im
                       Poesiealbum?

alle, alles
allein
allerdings   Das ist allerdings wahr.
das **Allerheiligen** ⇨ 161   Allerheiligen ist ein katholischer Feiertag
                       zu Ehren der Heiligen.
das **Allerseelen** ⇨ 161   Allerseelen gedenken wir der
                       Verstorbenen.
allgemein   Auf allgemeinen Wunsch wird das
                       Theaterstück wiederholt.
allmählich   Sie hat sich allmählich beruhigt.
der **Alltag,** die Alltage
alltags   Diese Zeitangabe wird klein geschrieben.
die **Alpen**
das **Alphabet** ⇨ 157   Das Alphabet heißt auch ABC.
alphabetisch   Wir ordnen unsere Namen alphabetisch.
als   Sie ist größer als ihre Schwester.
also   Ihre Schwester ist also kleiner.
alt, älter, am ältesten ⇨ 93
der **Altar,** die Altäre ⇨ 161
das **Alter**   An den Jahresringen kann man das Alter
                       der Bäume abzählen.

40

Im Weltraum

die **Antenne**	der **Planet**	**schwerelos**
der **Astronaut**	die **Rakete**	die **Sonne**
die **Astronautin**	der **Raumanzug**	**starten**
die **Erde**	die **Raumfähre**	die **Startrampe**
der **Himmel**	die **Raumfahrt**	der **Stern**
landen	das **Raumschiff**	**umkreisen**
die **Milchstraße**	die **Raumstation**	**unendlich**
der **Mond**	der **Satellit**	das **Weltall**

A | am — ängstlich

am

	am	Sie ist am fleißigsten.
die	**Ameise,** die Ameisen ⇨ 61	Sie ist fleißig wie eine Ameise.
	amen	Er sagt zu allem ja und amen.
	Amerika	1492 entdeckte Kolumbus Amerika.
die	**Ampel,** die Ampeln ⇨ 165	
die	**Amsel,** die Amseln	
das	**Amt,** die Ämter	Wir verteilen die Klassenämter.

an | än

an, ans (für: an das) Das Wort *an* begegnet dir oft: an der Tafel, …
|an| |An|

|an| ist aber auch ein häufig gebrauchter Wortbaustein: |an|binden, |an|brennen, |an|einander, |an|fahren, der |An|fang, |an|fassen, |an|gucken, |an|haben, |an|halten, |an|malen, |an|rufen, |an|schauen, |an|sehen, |an|springen, …

die	**Ananas** ⇨ 77	
	andauernd	Du störst mich andauernd.
das	**Andenken,** die Andenken	
	andere, anderen	Eine andere Lösung gibt es nicht.
sich	**ändern,** du änderst dich	Er wird sich nie ändern!
	anders, jemand anders	Es kann niemand anders gewesen sein.
der	**Anfang,** die Anfänge	
	anfangen, du fängst an, sie fängt an, er fing an	Habt ihr schon angefangen?
der	**Anfänger,** die Anfänger	
der	**Anfangsbuchstabe,** die Anfangsbuchstaben	Der Anfangsbuchstabe eines Nomens wird groß geschrieben.
	angeben, du gibst an	Gib nicht so an, du Angeber!
der	**Angeber,** die Angeber	
der	**Angehörige,** die Angehörigen ⇨ 93	Seine Angehörigen leben in England.
die	**Angel,** die Angeln	Ohne Angelhaken taugt die beste Angel nichts. Das weiß jeder Angler.
	angeln, du angelst	
	|an||ge|	Hier kommen zwei Wortbausteine zusammen: |an||ge|faßt, |an|fassen, fassen.
	angenehm	Er macht es sich im Bett angenehm.
sich	**angewöhnen**	Du hast dir eine schlechte Schrift angewöhnt.
die	**Angst,** die Ängste	
	ängstlich	

ankreuzen   Aquarium

    ankreuzen, du kreuzt an   Kreuzt die richtige Antwort an!
die **Ankunft** ⇨ 173   Die Ankunft des Zuges verzögert sich. Er kommt zehn Minuten später an.
die **Anlage,** die Anlagen   In den Anlagen müssen Hunde an der Leine geführt werden.

der **Anlauf,** die Anläufe
die **Anmeldung,** die Anmeldungen   Bis morgen könnt ihr euch anmelden.
    annehmen, du nimmst an,   Wir wollen nicht annehmen, daß …
    er nahm an, sie hat angenommen
der **Anorak,** die Anoraks ⇨ 117
sich **anschnallen,** du schnallst dich an   Für Autofahrer besteht Anschnallpflicht auf allen öffentlichen Straßen.
die **Anschrift,** die Anschriften ⇨ 187   Für *Anschrift* kannst du auch *Adresse* sagen.
die **Ansicht,** die Ansichten   Ich bin anderer Ansicht.
die **Ansichtskarte,**
    die Ansichtskarten
    anständig   Wir wollen anständig handeln.
    ansteckend   Lachen ist ansteckend. Gähnen auch!
sich **anstrengen,** du strengst dich an   Er hat sich nicht besonders angestrengt.
    anstrengend   Nichtstun ist auch anstrengend.
die **Antenne,** die Antennen ⇨ 41, 141
die **Antwort,** die Antworten   Sie ist nie um eine Antwort verlegen.
    antworten, du antwortest ⇨ 153
die **Anzahlung,** die Anzahlungen   Ich bezahle zwei Mark als Anzahlung.
die **Anzeige,** die Anzeigen   Hast du die Kleinanzeige aufgegeben?
sich **anziehen,** sie zieht sich an ⇨ 117   Hast du dich schon angezogen?
    anzünden, du zündest an   Ich habe keine Zündhölzer. Zündest du bitte das Feuer an?

ap

der **Apfel,** die Äpfel ⇨ 77   Wir trinken gern Apfelsaft.
die **Apfelsine,** die Apfelsinen ⇨ 77
die **Apotheke,** die Apotheken
der **Apparat,** die Apparate   Er hat seinen Fotoapparat vergessen.
der **Appetit**   Sie ist erkältet und hat keinen Appetit.
der **April,** im April ⇨ 188

April, April!

aqu

das **Aquarium,** die Aquarien

Wir richten ein Aquarium ein.

A Arbeit   au

ar | är

die **Arbeit,** die Arbeiten
    arbeiten, du arbeitest   Er arbeitet sehr sorgfältig.
der **Arbeiter,** die Arbeiter ⇨ 190   Die Arbeiter und Arbeiterinnen feiern den
die **Arbeiterin,** die Arbeiterinnen ⇨ 190   1. Mai als Tag der Arbeit.
der **Ärger**
    ärgerlich   Diese Panne ist sehr ärgerlich.
sich **ärgern,** du ärgerst dich,   Sie ärgert ihn schon eine ganze Weile.
    er ärgert sich, er hat sich geärgert
    arm, ärmer, am ärmsten
der **Arm,** die Arme ⇨ 81   *Ärmel* heißen die Arme des Hemdes.
die **Art,** die Arten   Das ist keine Art!
    artig   Der Nikolaus mag keine unartigen Kinder.
der **Artikel,** die Artikel ⇨ 157   Die Begleiter *der, die, das* heißen
     auch *Artikel.*

der **Arzt,** die Ärzte ⇨ 85   Der Notarzt versorgt den Kranken.
die **Ärztin,** die Ärztinnen ⇨ 85   Sie hat keine Angst vor der Zahnärztin.

as

die **Asche**
der **Aschermittwoch** ⇨ 161
    Asien   Aus Asien kommen seltene Gewürze.
  er **aß** (von: essen)   Er aß alles auf einmal auf.
der **Ast,** die Äste ⇨ 57, 65
die **Aster,** die Astern ⇨ 113   *Astern* heißen auch *Sternblumen.*
der **Astronaut,** die Astronauten ⇨ 41   1969 landete der erste Astronaut
die **Astronautin,**   auf dem Mond.
    die Astronautinnen ⇨ 41

at | ät

der **Atem**   Vor Schreck stockt ihm der Atem.
    atemlos ⇨ 137   Es herrschte eine atemlose Stille.
der **Atlas,** die Atlasse (oder: die Atlanten)   Es gibt auch einen Sternenatlas.
    atmen, du atmest ⇨ 81
das **Attest,** die Atteste ⇨ 85   Laß dir vom Arzt ein Attest ausstellen.

    ätzend   Vorsicht! Ätzend!

au

au, aua   Au, das tut weh!

44

Das Wetter

der **Blitz**	der **Nebel**	**stürmen**
blitzen	**neblig**	**stürmisch**
der **Donner**	der **Orkan**	der **Tau**
donnern	der **Rauhreif**	**trocken**
feucht	der **Regen**	**warm**
frieren	**regnen**	die **Wärme**
das **Gewitter**	der **Schnee**	das **Wetter**
der **Hagel**	**schneien**	der **Wetterbericht**
hageln	**schwitzen**	die **Wetterkarte**
heiß	**schwül**	der **Wind**
die **Hitze**	die **Sonne**	**windig**
kalt	**sonnig**	die **Wolke**
die **Kälte**	der **Sturm**	**wolkig**

A auch   aus

auch
auf, aufs (für: auf das)

[auf] [Auf]

Das Wort *auf* ist ein selbständiges Wort:
auf dem Tisch, auf Wiedersehen, …
Der Wortbaustein [auf] begegnet dir oft:
[auf]bauen, [auf]einander, [auf]essen,
[auf]fallen, die [Auf]fahrt, [auf]fressen,
[auf]haben, [auf]heben, [auf]hören,
[auf]machen, [auf]nehmen, [auf]reißen,
[auf]schreiben, [auf]stehen, [auf]wecken, …

der **Aufenthalt**

auffällig

auffordern, du forderst auf
die **Aufgabe,** die Aufgaben
aufgeben, du gibst auf, sie gab auf,
er hat aufgegeben

[auf][ge]

Wir wünschen einen angenehmen
Aufenthalt.
Mein Hund hat einen auffälligen Fleck
über dem rechten Auge.

Hier kommen zwei Wortbausteine
zusammen: [auf][ge]paßt, [auf]passen,
[auf][ge]weckt, [auf]wecken.
Du hättest besser aufpassen sollen!

aufgepaßt
der **Aufkleber,** die Aufkleber
aufmerksam
🅣 die **Aufnahme,** die Aufnahmen ⇨ 89, 141
aufpassen, du paßt auf
aufräumen, du räumst auf ⇨ 129
sich **aufregen,** du regst dich auf
der **Aufsatz,** die Aufsätze ⇨ 157
der **Aufschnitt** ⇨ 101
die **Aufsicht**
der **Auftrag,** die Aufträge
aufwachen, du wachst auf
aufwärts
aufwecken, du weckst ihn auf
der **Aufzug,** die Aufzüge
das **Auge,** die Augen ⇨ 81
der **Augenblick**
der **August,** im August ⇨ 188
aus

[aus] [Aus]

Alle verfolgen aufmerksam das Spiel.
Die Aufnahme ist leider etwas verwackelt.
Einige passen wieder nicht auf.

Bei jeder Kleinigkeit regt sie sich auf.

Hast du Aufschnitt eingekauft?
Wer hat heute Pausenaufsicht?
Ich verstehe den Arbeitsauftrag nicht.
Heute bin ich in der Nacht aufgewacht.
Er ist die Treppe aufwärts gelaufen.

Der *Aufzug* heißt auch *Fahrstuhl* oder *Lift*.

Hast du einen Augenblick Zeit?
Der August ist ein beliebter Ferienmonat.
Das Wort *aus* steht oft allein:
aus München, aus Versehen, …
[aus] wird aber häufig auch als Wortbaustein
gebraucht: [aus]denken, [aus]einander,
der [Aus]gang, [aus]gehen, [aus]lachen,
[aus]reißen, [aus]ruhen, [aus]rutschen,
[aus]sehen, [aus]steigen, [aus]suchen,
[aus]ziehen, …

Ausdruck   Axt   A

der **Ausdruck,** die Ausdrücke
der **Ausflug,** die Ausflüge
    ausführlich
der **Ausgang,** die Ausgänge

Sie kann sich sehr gewählt ausdrücken.

Ich habe euch ausführlich gewarnt.
Die Ausgänge müssen frei bleiben.

|aus||ge|

Hier kommen zwei Wortbausteine
zusammen: |aus||ge|fallen, |aus|fallen,
fallen.
Die Sportstunde ist ausgefallen.

    ausgefallen
die **Auskunft,** die Auskünfte

das **Ausland**
der **Ausländer,** die Ausländer
die **Ausländerin,** die Ausländerinnen
    ausleihen, du leihst aus ⇨ 145
die **Ausnahme,** die Ausnahmen
    ausnahmsweise
    ausreichend
das **Ausrufezeichen** ⇨ 157
    außen
    außer
    außerdem

sich **äußern,** du äußerst dich
die **Aussicht**
    aussichtslos
die **Ausstellung,**
    die Ausstellungen ⇨ 149
    Australien
    auswärts
der **Ausweis,** die Ausweise
    auswendig
das **Auto,** die Autos ⇨ 165, 173
der **Automat,** die Automaten
    automatisch

Wir sind alle Ausländer und
Ausländerinnen, fast überall auf der Welt.

Ich mache keine Ausnahme.
Sie hat es ausnahmsweise erlaubt.
Es sind ausreichend Plätze vorhanden.

Der Becher ist außen und innen vergoldet.

Ich muß außerdem auch noch das Diktat
üben.

Eine Beschwerde ist aussichtslos.
Die besten Zeichnungen werden wir
ausstellen.
Trenne so: Au-stra-li-en
Er kommt von auswärts.

Ich kann das Gedicht auswendig aufsagen.
Unser Hund fährt gern Auto.

Die Heizung arbeitet vollautomatisch.

|ax|

die **Axt,** die Äxte ⇨ 57

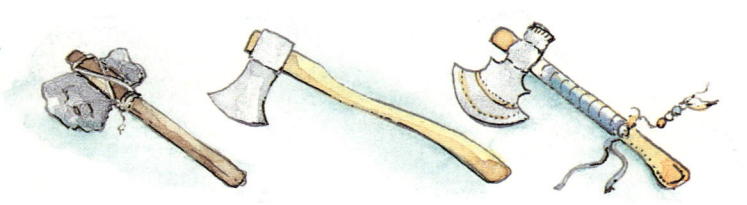

47

B Baby   barfuß

B

ba **bä**

das **Baby,** die Babys
der **Bach,** die Bäche ⇨ 49
die **Backe,** die Backen ⇨ 81   der Backenzahn, die Backpfeife, …
backen, du backst ⇨ 101   Trenne so: bak-ken
der **Bäcker,** die Bäcker   Der Bäcker backt braune Brötchen in der
die **Bäckerei,** die Bäckereien   Bäckerei.
                                          Trenne so: Bäk-ker, Bäk-ke-rei
das **Bad,** die Bäder ⇨ 97   die Badewanne, der Badeschwamm,
                                          das Badewasser, das Schwimmbad,
                                          das Freibad, …

baden, du badest ⇨ 121
der **Bagger,** die Bagger ⇨ 165   Beim Hausbau und bei Straßenarbeiten
                                          hilft der Bagger.
die **Bahn,** die Bahnen ⇨ 173   die Bahnfahrt, der Bahnsteig, die
                                          Eisenbahn, die Straßenbahn, die U-Bahn
                                          (Untergrundbahn) – und die Autobahn?

der **Bahnhof,** die Bahnhöfe ⇨ 173
balancieren, du balancierst ⇨ 133
bald
der **Balken,** die Balken
der **Balkon,** die Balkons ⇨ 97   Im Sommer frühstücken wir auf dem
                                          Balkon.
🛈 der **Ball,** die Bälle   Wir spielen mit dem Ball.
                                          Meine Eltern tanzen auf einem Ball.
der **Ballon,** die Ballons ⇨ 173   Welche Ballons kennst du?
die **Banane,** die Bananen ⇨ 77   Bananenstauden können über fünf Meter
                                          hoch werden und ihre Blätter über zwei
                                          Meter lang. Die Bananen wachsen in
                                          Bündeln bis zu 100 Früchten.
das **Band,** die Bänder   das Schuhband, das Stirnband, …
der **Band,** die Bände   Ein Lexikon kann aus mehreren Bänden
                                          bestehen.
die **Bande,** die Banden   die Räuberbande, …

🛈 die **Bank,** die Bänke
🛈 die **Bank,** die Banken

der **Bär,** die Bären ⇨ 73
barfuß   Wer ohne Schuhe und ohne Strümpfe
                                          geht, läuft barfuß.

Landschaft

der	**Bach**	das	**Gebirge**	das	**Tal**
der	**Berg**		**hügelig**	der	**Teich**
die	**Brücke**		**klettern**	der	**Turm**
die	**Burg**	das	**Moor**	das	**Ufer**
das	**Dorf**	die	**Mühle**	die	**Umwelt**
die	**Fabrik**	der	**Naturschutz**	der	**Umweltschutz**
der	**Felsen**	die	**Paßstraße**	der	**Wald**
	flach	das	**Schloß**		**wandern**
	fließen	der	**See**	das	**Wasser**
der	**Fluß**		**steil**	die	**Wiese**

B | Bart · behaupten

der **Bart,** die Bärte
basteln, du bastelst

Wir basteln mit Holz, Stroh, Lehm, Ton, Bast und Papier.
Trenne so: ba‑steln

die **Batterie,** die Batterien

In einer Batterie ist Strom gespeichert. Wenn die Batterie leer ist, leuchtet die Lampe nicht mehr.

der **Bauch,** die Bäuche ⇨ 81
bauen, du baust ⇨ 133

Zu dem Wort *bauen* kannst du viele verwandte Wörter finden. Sie gehören zur gleichen Wortfamilie: der Bau, die Bauten, der Hausbau, der Fuchsbau, der Bauarbeiter, das Gebäude, die Bude, baufällig, aufbauen, anbauen, der Bauer, …

der **Bauer,** die Bauern ⇨ 69
die **Bäuerin,** die Bäuerinnen ⇨ 69
der **Baum,** die Bäume ⇨ 57

der Baumstamm, die Baumkrone, die Baumschule, der Apfelbaum, …

be

be   Be

be ist ein Wortbaustein: be|deuten, be|gleiten, be|greifen, be|grüßen, be|halten, be|kommen, be|laden, be|lohnen, die Be|lohnung, be|lügen, be|merken, be|schimpfen, be|schreiben, be|sorgen, be|stellen, be|suchen, be|treten, be|zahlen, …

der **Becher,** die Becher ⇨ 105
ⓣ das **Becken,** die Becken ⇨ 81

Trenne so: Bek‑ken
der Beckenrand, das Schwimmbecken, das Waschbecken, das Planschbecken, …

sich **bedanken,** du bedankst dich
sich **beeilen,** du beeilst dich
die **Beere,** die Beeren ⇨ 65

Es gibt viele Beerenarten: Himbeeren, Erdbeeren, Stachelbeeren, Brombeeren, Heidelbeeren, …

das **Beet,** die Beete ⇨ 113

das Rosenbeet, das Blumenbeet, das Gemüsebeet, das Frühbeet, …

begegnen, du begegnest ihm
begeistert
beginnen, du beginnst, er begann, sie hat begonnen
behaupten, du behauptest

Er behauptet das Gegenteil.

50

bei   besonders   **B**

     bei
     beide, die beiden
das **Beil,** die Beile ⇨ 109
     beim (für: bei dem)   beim Eingang, beim Spielen, …
das **Bein,** die Beine ⇨ 81
     beinahe   Für *beinahe* kannst du auch *fast* sagen.
das **Beispiel,** die Beispiele   Trenne so: Bei - spiel
zum **Beispiel**   Abkürzung: *z. B.*
     beißen, du beißt, er biß,   Bellende Hunde beißen nicht. Oder?
     er hat gebissen
     bekannt   Es gibt viele bekannte Sprichwörter.
                                              Welche kennst du?
der **Bekannte,** die Bekannten   Wir haben viele Bekannte.
     beleidigen, du beleidigst ihn   Das ist eine Beleidigung.
die **Beleuchtung,** die Beleuchtungen ⇨ 169
     bellen, er bellt ⇨ 69
die **Belohnung,** die Belohnungen   Der ehrliche Finder wird belohnt.
die **Bemerkung,** die Bemerkungen   Sie macht eine dumme Bemerkung.
sich **bemühen,** du bemühst dich
sich **benehmen,** du benimmst dich, sie   Benimm dich, bitte!
     benahm sich, er hat sich benommen   Er hat sich gut benommen.
der **Bengel,** die Bengel
     benutzen, du benutzt   Benutze das Lineal beim Unterstreichen!
das **Benzin** ⇨ 173   Früher gab es Benzin nur in der Apotheke.
     beobachten, du beobachtest   Trenne so: beob - achten
     bequem
     bereit
     bereiten, du bereitest   Wir bereiten das Abendessen.
     bereits   Für *bereits* kannst du auch *schon* sagen.
der **Berg,** die Berge ⇨ 49   Es gibt Berge, die über 8 000 Meter hoch
                                              sind.

     bergab
     bergauf
der **Bericht,** die Berichte
     berichten, du berichtest   Wir berichten über das Schulfest.
     berichtigen, du berichtigst
die **Berichtigung,** die Berichtigungen
der **Beruf,** die Berufe ⇨ 190   Welche Berufe kennst du?

     berühmt ⇨ 149
sich **beschäftigen,** du beschäftigst dich
der **Bescheid**   Er weiß über vieles Bescheid.
     bescheiden   Sei nicht so bescheiden!
der **Besen,** die Besen ⇨ 109
     besonders   Er kann besonders gut lesen.

B   **be**sser   **bi**sher

      besser, am besten, etwas Besseres   Trenne so: be-sten
das **Besteck,** die Bestecke ⇨ 105

      bestimmt   Wir kommen bestimmt.
der **Besuch,** die Besuche
      besuchen, du besuchst ⇨ 149
      beten, du betest ⇨ 161
      betrachten, du betrachtest   Betrachte das Bild genau!
der **Betrieb,** die Betriebe ⇨ 190
das **Bett,** die Betten ⇨ 97   das Bettlaken, die Bettwäsche,
                                                                    das Bettzeug, das Kinderbett,
                                                                    das Doppelbett, …
      betteln, du bettelst
die **Beule,** die Beulen ⇨ 85
der **Beutel,** die Beutel   das Beuteltier, die Beutelratte,
                                                                    der Turnbeutel, der Geldbeutel, …
      bevor   Nicht öffnen, bevor der Zug hält!
sich **bewegen,** du bewegst dich
      beweisen, du beweist, er bewies,   Beweise mir das Gegenteil!
      sie hat bewiesen

bi

die **Bibel,** die Bibeln ⇨ 161
      biegen, du biegst, er bog,
      sie hat gebogen
die **Biene,** die Bienen ⇨ 61   die Bienenkönigin, der Bienenhonig,
                                                                    der Bienenkorb, die Honigbiene, …
das **Bier,** die Biere   der Bierdeckel, die Bierflasche,
                                                                    das Flaschenbier, das Malzbier, …
      bieten, du bietest, er bot, |an|bieten, |dar|bieten, |ver|bieten, …
      sie hat geboten
das **Bild,** die Bilder ⇨ 97, 149   das Bilderbuch, der Bilderrahmen,
                                                                    das Paßbild, das Vorbild, …
      billig ⇨ 77, 186   Das Gegenteil von *billig* ist *teuer.*
      bin (von: sein), ich bin, du bist,
      er ist, sie war, sie ist gewesen
      binden, du bindest, er band, |an|binden, |zu|binden, |ver|binden,
      sie hat gebunden   der Bindfaden, der Bindestrich, …
die **Birke,** die Birken ⇨ 65   Die Birke wächst auf sandigem Boden. Sie
                                                                    hat eine weißgraue Rinde.
🅣 die **Birne,** die Birnen ⇨ 77
      bis   Wir warten, bis du kommst.
                                                                    Wir warten bis drei Uhr auf dich.
      bisher   Mach weiter wie bisher!

Auf dem Feld

der **Acker**	das **Gras**	der **Mohn**
die **Ähre**	der **Hafer**	**pflügen**
blühen	der **Halm**	der **Raps**
der **Busch**	die **Hecke**	**reif**
eggen	die **Kartoffel**	der **Roggen**
die **Ernte**	der **Klee**	die **Rübe**
ernten	das **Korn**	**säen**
fruchtbar	die **Kornblume**	der **Schachtelhalm**
das **Gebüsch**	**mähen**	**unreif**
die **Gerste**	der **Mais**	**wachsen**
das **Getreide**	die **Margerite**	der **Weizen**

B | bißchen — bluten

ein **bißchen** — Für *ein bißchen* kannst du auch *ein wenig* sagen.

du **bist** (von: sein)
bitte — Ruhe, bitte!
die **Bitte,** die Bitten
bitten, du bittest, er bat, sie hat gebeten, wir baten
bitter — Manche Medizin schmeckt bitter.

bl

blank — Er putzte sein Auto blitzblank.
die **Blase,** die Blasen ➪ 81 — der Blasentee, die Seifenblasen, die Luftblasen, …
blasen, du bläst, er blies, sie hat geblasen — Mein Freund bläst Trompete. Ich blase den Luftballon auf.
blaß, blasser, am blassesten — Sie war blaß vor Schreck. Er hat keine blasse Ahnung von den Abseitsregeln.

das **Blatt,** die Blätter ➪ 65

blau — himmelblau, hellblau, dunkelblau, …
bleiben, du bleibst, er blieb, sie ist geblieben
der **Bleistift,** die Bleistifte ➪ 153
der **Blick,** die Blicke — Trenne so: Blik-ke
blicken, du blickst — Trenne so: blik-ken
blind — Manche Leute können nicht sehen. Sie sind blind.

der **Blitz,** die Blitze ➪ 45 — Beim Gewitter blitzt und donnert es. Blitzableiter leiten die Blitze in die Erde ab.
der **Block,** die Blöcke ➪ 153 — Trenne so: Blök-ke
blöd — Für *blöd* kann man auch *dumm* sagen.
blond
bloß — Warum hast du das bloß getan?
blühen, sie blüht ➪ 53, 65, 113 — Es blühen Blümlein auf dem Feld, sie blühen …
die **Blume,** die Blumen ➪ 113 — der Blumenstrauß, der Blumentopf, die Blumenvase, die Eisblume, die Ringelblume, …

die **Bluse,** die Blusen
das **Blut** ➪ 81 — In deinem Körper fließen etwa fünf Liter Blut.
die **Blüte,** die Blüten ➪ 65 — Nicht nur Blumen haben Blüten.
bluten, du blutest ➪ 81

Boden   bremsen

bo **bö**

der **Boden,** die Böden ⇨ 97   der Dachboden, der Fußboden,
                                                 der Tortenboden, ...
🅣 der **Bogen,** die Bogen   Besorge bitte zwei Bogen Geschenk-
                                                 papier.

die **Bohne,** die Bohnen ⇨ 77   Die Früchte von Bohnen und Erbsen
                                                 wachsen in Hülsen. Darum nennt man sie
                                                 Hülsenfrüchte.

bohren, du bohrst ⇨ 109
die **Bombe,** die Bomben   Vor Eisbomben hat niemand Angst.
der **Bonbon,** die Bonbons   Das Wort *Bonbon* kommt aus der
                                                 französischen Sprache.
das **Boot,** die Boote ⇨ 173   das Bootshaus, der Bootsmann,
                                                 das Segelboot, das Ruderboot,
                                                 das Paddelboot, ...
böse, etwas Böses   Sei bitte nicht böse.
                                                 Ich habe nichts Böses getan.
boxen, du boxt

br

er **brachte** (von: bringen)
braten, du brätst, er briet,   Britta brät braune Bratkartoffeln.
sie hat gebraten ⇨ 101
brauchen, du brauchst
braun   rehbraun, hellbraun, dunkelbraun, ...
brav
brechen, du brichst, er brach,   Zu dem Wort *brechen* kannst du viele
sie hat gebrochen   verwandte Wörter finden. Sie gehören zur
                                                 gleichen Wortfamilie: die Brechstange, der
                                                 Einbrecher, der Verbrecher, der Eisbrecher,
                                                 ausbrechen, unterbrechen, zerbrechen,
                                                 der Bruch, der Beinbruch, der Wolken-
                                                 bruch, ...

der **Brei**
breit
🅣 die **Bremse,** die Bremsen ⇨ 169, 173   der Bremsweg, das Bremspedal,
                                                 die Fußbremse, die Handbremse,
                                                 die Notbremse, ...

bremsen, du bremst ⇨ 169

B brennen — bürsten

brennen, du brennst, er brannte, sie hat gebrannt

Zu dem Wort *brennen* kannst du viele verwandte Wörter finden. Sie gehören zur gleichen Wortfamilie: der Brennstoff, das Brennglas, das Brennholz, brenzlig, anbrennen, abbrennen, verbrennen, der Waldbrand, der Zimmerbrand, der Brandstifter, die Brandwunde, ...

das **Brett,** die Bretter
der **Brief,** die Briefe ⇨ 187

Sie hat ein Brett vor dem Kopf.
Auf einen Briefumschlag gehören die Adresse, der Absender und die Briefmarke.

die **Brille,** die Brillen

das Brillenglas, die Brillenschlange, die Sonnenbrille, die Taucherbrille, ...

bringen, du bringst, er brachte, sie hat gebracht
das **Brot,** die Brote ⇨ 101

der Brotkorb, das Brotmesser, das Schwarzbrot, das Weißbrot, das Vollkornbrot, das Abendbrot, ...

das **Brötchen,** die Brötchen ⇨ 101

Für *Brötchen* kann man auch *Semmel, Rundstück* oder *Wecken* sagen.

die **Brücke,** die Brücken ⇨ 49

Es gibt Brücken, die über 2 000 Jahre alt sind und heute noch befahren werden.
Trenne so: Brük-ke

der **Bruder,** die Brüder ⇨ 93
brummen, du brummst
der **Brunnen,** die Brunnen

bu   bü

der **Bube,** die Buben
das **Buch,** die Bücher ⇨ 145

Beim Kartenspiel gibt es vier Buben.
Früher schrieben die Leute auf Tafeln aus Buchenholz. Das *Buch* und der *Buchstabe* wurden nach der *Buche* benannt.

die **Buche,** die Buchen ⇨ 65
der **Buchstabe,** die Buchstaben ⇨ 157
sich **bücken,** du bückst dich

Trenne so: bük-ken

bügeln, du bügelst
das **Bund,** die Bunde
bunt

das Bund Radieschen, das Bund Petersilie, ...

die **Burg,** die Burgen ⇨ 49
der **Bürger,** die Bürger
das **Büro,** die Büros ⇨ 190

Die ältesten Burgen lagen auf Bergen.
der Bürgermeister, der Bürgersteig, ...

die **Bürste,** die Bürsten ⇨ 109
bürsten, du bürstest

Die Bürsten mit den braunen Borsten bürsten besser als die Bürsten mit den blauen Borsten.
Trenne so: Bür-ste, bür-sten

Im Wald

	abholzen	das	Fernglas	die	Rinde
	anpflanzen	der	Förster	die	Säge
der	Ast	der	Hochsitz		sägen
	aufforsten	der	Holzstoß	die	Schonung
die	Axt		kahl	der	Spaziergänger
der	Baum	die	Lichtung	der	Stamm
der	Dackel	das	Moos		wachsen
das	Dickicht		morsch	der	Waldarbeiter
	fällen	die	Motorsäge	der	Wanderweg
der	Farn	der	Pilz	die	Wurzel

57

B   Bus   Dach

der **Bus,** die Busse ⇨ 165, 173

der **Busch,** die Büsche ⇨ 53
die **Butter** ⇨ 101

der Busfahrer, die Bushaltestelle,
der Schulbus, der Linienbus, …

das Butterbrot, die Buttermilch,
die Butterdose, …

C

campen, du campst
das **Camping** ⇨ 121
der **Chef,** die Chefs
die **Chefin,** die Chefinnen
China
chinesisch
der **Chor,** die Chöre ⇨ 149

der **Christ,** die Christen ⇨ 161

christlich
der **Clown,** die Clowns ⇨ 149
das **Cola** (auch: die Cola) ⇨ 125
der **Comic,** die Comics ⇨ 145
der **Computer,** die Computer ⇨ 129, 190

der **Cowboy,** die Cowboys

Es gibt mehr als eine Milliarde Chinesen
und Chinesinnen.
der Chorleiter, der Schulchor,
der Kinderchor, der Posaunenchor, …
Trenne so: Chri-sten
das Christentum, die Christenheit, das
Christkind, der Christbaum, Christus, …
Trenne so: christ-lich

Mit dem Computer kannst du rechnen,
schreiben, zeichnen, spielen, …
Der Name *Cowboy* kommt aus der
englischen Sprache und bedeutet
Kuhjunge. Cowboys bewachen große
Rinderherden. Zum Einfangen der Tiere
benutzen sie ein Lasso.

D

da

da

da

das **Dach,** die Dächer ⇨ 97

Dieses Wort begegnet dir häufig. Es kann
allein stehen: hier und da.
da ist auch ein Wortbaustein: da bei,
da durch, da für, da gegen, da heim,
da her, da hin, da hinten, da mit, da nach,
da neben, da von, da vor, da zu,
da zwischen, …
der Dachziegel, der Dachdecker,
das Strohdach, das Scheunendach, …

dachte decken D

sie **dachte** (von: denken)
der **Dackel,** die Dackel ⇨ 57
die **Dame,** die Damen
der **Dampf,** die Dämpfe

Trenne so: Dak-kel
Beim Kartenspiel gibt es vier Damen.
die Dampfmaschine, die Dampflokomotive, die Dampfwolke, der Wasserdampf, der Kohldampf, …

dampfen, es dampft
der **Dank**
danke
danken, du dankst
dann
dar

Trenne so: damp-fen

Nein, danke!

dar ist ein Wortbaustein: dar an, dar auf, dar aus, dar in, dar innen, dar über, dar um, dar unter, …
Trenne so: dar-an, …

das ⇨ 157

Die Wörter *der, die, das* sind bestimmte Artikel.

daß, so daß

Ich weiß, daß es bald Ferien gibt, so daß wir verreisen können.

der **Dativ,** die Dative ⇨ 157
die **Dattel,** die Datteln ⇨ 77

Der *Dativ* ist der *3. Fall (Wemfall).*
Datteln haben einen länglichen Kern und schmecken süß. Sie wachsen auf Dattelpalmen.

das **Datum,** die Daten ⇨ 188

Gib das genaue Datum an!

die **Dauer**

der Dauerlauf, die Dauerwelle, die Ausdauer, die Dauer der Fahrt, …

dauern, es dauert
dauernd
der **Daumen,** die Daumen ⇨ 81

Es dauerte mir zu lange.
Mußt du dauernd meckern?
Der Däumling ist nur so groß wie ein Daumen.

davon
davor
dazu

Er hat davon genug.

Ich habe dazu keine Lust.

de

🅣 die **Decke,** die Decken
decken, du deckst ⇨ 105

Trenne so: Dek-ke
Trenne so: dek-ken
Zu dem Wort *decken* kannst du viele verwandte Wörter finden. Sie gehören zur gleichen Wortfamilie: auf decken, be decken, ent decken, zu decken, der Deckel, die Zimmerdecke, die Wolldecke, der Dachdecker, das Verdeck, …

D   dehnen   Dezember

dehnen, du dehnst	Das Gummiband läßt sich ganz lang dehnen.
der **Deich,** die Deiche	Deiche sollen gegen Hochwasser schützen.
dein, Dein	In Briefen wird *Dein* als Anrede groß geschrieben.
dem	
den	Den Berg, den du dort siehst, habe ich schon bestiegen.
denen	Wir werden es denen schon beibringen.
denken, du denkst, er dachte, sie hat gedacht, wir dachten	die Denkaufgabe, der Denkfehler, der Denkzettel, das Andenken, nachdenken, …
das **Denkmal,** die Denkmäler (auch: die Denkmale)	Zur Erinnerung wird manchmal ein Denkmal errichtet.
denn	Was ist denn los? Er schlief sofort ein, denn er war sehr müde.
dennoch	Für *dennoch* kannst du auch *trotzdem* sagen. Trenne so: den-noch
der ⇨ 157	Die Wörter *der, die, das* sind bestimmte Artikel.
deren	Schüler, deren Fahrräder nicht in Ordnung sind, können leider nicht mitfahren.
derjenige	
derselbe	
des	Die Blätter des Baumes färben sich im Herbst bunt.
deshalb	Für *deshalb* kannst du auch *deswegen* sagen.
dessen	Der Reiter, dessen Pferd am schnellsten läuft, gewinnt.
der **Detektiv,** die Detektive	
deuten, du deutest	Der Polizist deutet auf das Verkehrsschild. Die drei Könige ließen sich ihren Traum deuten. Ich weiß nicht, was das bedeuten soll.
deutlich	Sprich laut und deutlich!
deutsch	Er spricht die deutsche Sprache.
der **Deutsche,** die Deutschen, ein Deutscher	
das **Deutschland**	
der **Dezember,** im Dezember ⇨ 188	

Tiere des Waldes

die **Ameise**	der **Hase**	das **Reh**
die **Biene**	die **Haut**	die **Schlange**
das **Eichhörnchen**	der **Hirsch**	der **Schmetterling**
die **Eule**	der **Igel**	der **Schnabel**
die **Feder**	der **Käfer**	die **Schnecke**
das **Fell**	die **Kralle**	der **Schwanz**
die **Fliege**	die **Kröte**	der **Specht**
der **Flügel**	der **Kuckuck**	die **Spinne**
der **Frosch**	das **Maul**	der **Stachel**
der **Fuchs**	die **Maus**	die **Taube**
der **Fühler**	die **Meise**	der **Uhu**
das **Gehörn**	die **Pfote**	das **Wildschwein**
das **Geweih**	die **Raupe**	der **Wurm**

D dich   doppelt

di

dich, Dich	In Briefen wird *Dich* als Anrede groß geschrieben.
dicht	Die Wasserleitung ist undicht. Vater dichtet sie ab.
dichten, du dichtest	Diese Gedichte haben wir selbst gedichtet.
dick, dicker, am dicksten	Trenne so: dik-ker, dick-sten
die ⇨ 157	Die Wörter *der, die, das* sind bestimmte Artikel.
der **Dieb,** die Diebe	der Diebstahl, der Ladendieb, die diebische Elster, …
dienen, du dienst	
der **Diener,** die Diener	Der Diener diente viele Jahre lang seinem Herrn.
der **Dienst,** die Dienste	Unser Arzt hat am Wochenende Notdienst. Trenne so: Dien-ste
der **Dienstag,** am Dienstag ⇨ 188	Trenne so: Diens-tag
dienstags	Diese Zeitangabe wird klein geschrieben.
dies, diese, diesem, diesen, dieser, dieses	
die **Differenz,** die Differenzen	Die Differenz zwischen 7 und 4 ist 3.
das **Diktat,** die Diktate ⇨ 157	Der Lehrer hat heute ein leichtes Diktat diktiert.
diktieren, du diktierst	
das **Ding,** die Dinge	Für *Ding* kannst du auch *Sache* sagen.
dir, Dir	In Briefen wird *Dir* als Anrede groß geschrieben.
direkt	Er kam direkt auf mich zu.
dividieren, du dividierst	Für *dividieren* kannst du auch *teilen* sagen.
die **Division,** die Divisionen	15 : 3 = 5 ist eine Divisionsaufgabe.

do

doch	Wir haben lange gewartet, doch sie kamen nicht.
der **Doktor,** die Doktoren ⇨ 85, 89	Dr. Hilf Zahnärztin
der **Donner,** die Donner ⇨ 45	
donnern, es donnert ⇨ 45	
der **Donnerstag,** am Donnerstag ⇨ 188	Die Germanen nannten diesen Tag nach dem Donnergott *Donar.* Trenne so: Donners-tag
donnerstags	Diese Zeitangabe wird klein geschrieben.
doof	Für *doof* kannst du auch *dumm* sagen.
der **Doppelpunkt,** die Doppelpunkte ⇨ 157	
doppelt	

Dorf   **dr**ücken   **D**

das **Dorf,** die Dörfer ➪ 49   die Dorfbewohner, der Dorfteich, die Dorfkirche, das Bauerndorf, dörflich, ...

der **Dorn,** die Dornen ➪ 65

dort   dort hinten, dort drüben, bald hier und bald dort, ...

die **Dose,** die Dosen   Dosendiktate machen Spaß!
der **Dotter,** die Dotter   Für *Dotter* kannst du auch *Eigelb* sagen.

dr

der **Drache,** die Drachen   Ein feuerspeiender Drache bewachte den Schatz.

der **Drachen,** die Drachen ➪ 133   Im Herbst lasse ich gern meinen Drachen steigen.

der **Draht,** die Drähte   der Drahtzaun, das Drahtgitter, die Drahtschere, der Maschendraht, der Stacheldraht, ...

drängen, du drängst   Die Kinder drängten sich vor dem Schaufenster.

draußen
der **Dreck**
dreckig   Trenne so: drek-kig
drehen, du drehst   Wer hat an der Uhr gedreht?
drei, dreizehn, dreißig, dreihundert, dreimal   Aller guten Dinge sind drei.
Der kleine Junge bekommt schon das dritte Dreirad.

dreschen, du drischst, er drosch, sie hat gedroschen   Früher wurde mit dem Dreschflegel gedroschen. Heute macht das der Mähdrescher.

drinnen
drohen, du drohst   Er drohte mit der Faust.
die **Drohung,** die Drohungen
die **Drossel,** die Drosseln   Die *Schwarzdrossel* nennt man auch *Amsel*.

drüben   Das Wort *drüben* bedeutet *auf der anderen Seite*.

der **Druck,** die Drucke   Trenne so: Druk-ke
die Druckerei, der Druckbuchstabe, die Drucksache, der Druckknopf, der Buchdrucker, der Luftdruck, ...

drucken, du druckst   In der Schuldruckerei wird unsere Klassenzeitung gedruckt.
Trenne so: druk-ken

drücken, du drückst   Die Schuhe drücken.
Du hast dich vor der Arbeit gedrückt.
Trenne so: drük-ken

D | du | echt

du | dü

du, Du — In Briefen wird *Du* als Anrede groß geschrieben.

dumm, dümmer, am dümmsten
düngen, du düngst
der **Dünger** ⇨ 113 — Wir düngen unsere Balkonpflanzen mit Blumendünger.

dunkel, dunkler, am dunkelsten — dunkelbraun, dunkelblau, …
Trenne so: dunkel-sten
die **Dunkelheit** — Die Laternen leuchten in der Dunkelheit.
dünn — Die Freunde gehen zusammen durch dick und dünn.

durch — Das Wort *durch* kann allein stehen:
durch den Garten, durch die Tür, durch das Haus, …

durch | Durch — durch ist aber auch ein Wortbaustein:
durch aus, durch brechen, durch drehen,
durch einander, die Durch fahrt,
durch führen, durch gehen, durch halten,
durch lassen, der Durch messer,
der Durch schnitt, …

dürfen, du darfst, er durfte, sie hat gedurft
der **Durst**
durstig ⇨ 105 — Trenne so: dur-stig
die **Dusche,** die Duschen ⇨ 97
das **Dutzend,** die Dutzende — Zu einem Dutzend gehören 12 Stück. Abkürzung: *Dtzd.*

E

eb

eben — Er ist eben gekommen.
ebenso — Für *ebenso* kannst du auch *genauso* sagen.

ech

echt — Die Kette ist aus echtem Gold.

Pflanzen des Waldes

der **Ahorn**	die **Eichel**	die **Rinde**
der **Ast**	der **Farn**	die **Schale**
die **Birke**	die **Fichte**	der **Stamm**
das **Blatt**	die **Frucht**	der **Stengel**
blühen	die **Heidelbeere**	der **Stiel**
die **Blüte**	die **Himbeere**	die **Tanne**
die **Brombeere**	die **Kiefer**	**wachsen**
die **Buche**	die **Knospe**	der **Waldmeister**
die **Buchecker**	das **Laub**	**welken**
das **Buschwindröschen**	das **Moos**	die **Wurzel**
der **Dorn**	die **Nadel**	der **Zapfen**
die **Eiche**	der **Pilz**	der **Zweig**

Ecke — ein

eck

die **Ecke,** die Ecken Trenne so: Ek- ke
 der Eckball, der Eckzahn, die Straßenecke,
 die Hausecke, …
eckig Trenne so: ek-kig

eg

egal Das ist mir ganz egal.

eh

ehe Achtet auf den Verkehr, ehe ihr über die Straße geht.
die **Ehe,** die Ehen der Ehemann, die Ehefrau, das Ehepaar, …
die **Ehre,** die Ehren das Ehrenwort, die Ehrfurcht, der Ehrgeiz, ehrgeizig, …
ehrlich Der ehrliche Finder erhält eine Belohnung.

ei

das **Ei,** die Eier ⇨ 101 das Eiweiß, der Eierlöffel, das Kuckucksei, das Rührei, …
die **Eiche,** die Eichen ⇨ 65 Eichen können über tausend Jahre alt werden.
die **Eichel,** die Eicheln ⇨ 65 *Eicheln* sind die Früchte der *Eiche.* Du kannst sie gut zum Basteln gebrauchen.
das **Eichhörnchen,** die Eichhörnchen ⇨ 61 Das Nest des Eichhörnchens heißt *Kobel.*

der **Eifer** Sie ist mit Eifer bei der Sache.
 eifrig
 eigen Das ist deine eigene Schuld.
 eigentlich Am Sonntag wollte ich eigentlich in den Zoo gehen.

 eilen, du eilst
 eilig Ich habe es eilig. Ich bin in Eile.
der **Eimer,** die Eimer ⇨ 109 der Wassereimer, der Mülleimer, der Plastikeimer, …

 ein, eine, einem, einen, einer, eines Das Wort *ein* kann allein stehen: ein Haus, ein Auto, …

ein empfinden

|ein| |Ein|

|ein| ist auch ein Wortbaustein: |ein|fallen, der |Ein|fall, |ein|kaufen, der |Ein|kauf, |ein|laden, die |Ein|ladung, |ein|nehmen, |ein|packen, |ein|richten, |ein|schlafen, |ein|steigen, …
Trenne so: ein-ander

einander
einfach
|ein| |ge|

Hier kommen zwei Wortbausteine zusammen: |ein| |ge|bildet, |ein| |ge|kauft, |ein| |ge|nommen, |ein| |ge|packt, …

einige

Das Einmaleins müssen einige immer wieder üben.

einpacken, du packst ein
eins, einhundert, einmal
einsam

ein einsamer Mensch, eine einsame Insel, die Einsamkeit, …

einverstanden

Das gefällt mir. Damit bin ich einverstanden.

einzeln
einzig, einzige, einziger
das **Eis** ⇨ 125

Kommt einzeln nach vorn!
Ich habe keinen einzigen Fehler gemacht.
der Eisbär, der Eisberg, die Eiszeit, das Glatteis, das Speiseeis, eiskalt, eisig, …

das **Eisen,** die Eisen

die Eisenbahn, das Eisengitter,
das Hufeisen, das Bügeleisen, …

el

der **Elefant,** die Elefanten ⇨ 73

Die afrikanischen Elefanten haben größere Ohren als die indischen.

elektrisch

die elektrische Eisenbahn, der Elektroherd, die Elektrizität, …

elf, elfhundert, elfmal
die **Eltern** (nur Mehrzahl) ⇨ 93

Wir wohnen im elften Stock.
Die Eltern meiner Eltern sind meine Großeltern.

em

empfangen, du empfängst,
sie empfing, er hat empfangen ⇨ 187

Trenne so: emp-fangen
Auf einen Brief gehören Absender und Empfänger.

empfehlen, du empfiehlst,
er empfahl, sie hat empfohlen
empfinden, du empfindest,
er empfand, sie hat empfunden

Trenne so: emp-fehlen
Das Buch kann ich dir sehr empfehlen.
Trenne so: emp-finden
Für *empfinden* kannst du auch *fühlen* sagen.

Ende **Er**laubnis

en

das **Ende,** die Enden, am Ende, zu Ende

der Endspurt, die Endstation, das Ferienende, das Wortende, endgültig, endlich, unendlich, endlos, beenden, …

eng

Wir kamen durch eine enge Schlucht.

der **Engel,** die Engel ⇨ 161
der **Enkel,** die Enkel ⇨ 93
die **Enkelin,** die Enkelinnen ⇨ 93

ent   Ent

ent ist ein Wortbaustein: ent decken, die Ent deckung, ent fernen, die Ent fernung, ent fernt, ent gegen, ent lang, ent schuldigen, die Ent schuldigung, ent stehen, die Ent stehung, ent täuschen, die Ent täuschung, ent täuscht, ent weder – oder, ent zwei, …

die **Ente,** die Enten ⇨ 69

Enten sind Schwimmvögel. Die Männchen werden *Erpel* genannt.

er

er

Die Fürwörter *ich, du, er, sie, es …* heißen auch *Pronomen.*

er   Er

er ist auch ein Wortbaustein: er finden, er folgen, der Er folg, er folgreich, er füllen, er halten, er heben, er innern, die Er innerung, er kennen, er klären, die Er klärung er lauben, er laubt, er leben, das Er lebnis, er lebt, er reichen, er scheinen, er schüttern, er staunen, er staunt, er sticken, er wähnen, er widern, er wischen, er zählen, …

die **Erbse,** die Erbsen ⇨ 77

Wer kann das Märchen von der Prinzessin auf der Erbse erzählen?

🛈 die **Erde** (nur Einzahl) ⇨ 41

Die Erde ist ein Planet. In einem Jahr dreht sie sich einmal um die Sonne.
das Erdbeben, die Erdnuß, die Erdbeere, der Erdteil, die Gartenerde, die Blumenerde, …

das **Ergebnis,** die Ergebnisse

Die schlechtesten Ergebnisse wurden gestrichen.

die **Erlaubnis**

Wer hat dir die Erlaubnis gegeben?

Auf dem Bauernhof

der	**Acker**	das	**Huhn**		**pflügen**
der	**Bauer**	der	**Hund**	das	**Pony**
die	**Bäuerin**	der	**Kater**		**reparieren**
	bellen	die	**Katze**		**säen**
	blöken		**krähen**	das	**Schaf**
die	**Ente**	die	**Kuh**	die	**Scheune**
die	**Ernte**	das	**Küken**	das	**Schwein**
	füttern	der	**Landwirt**	der	**Stall**
	gackern	die	**Landwirtschaft**	das	**Stroh**
die	**Gans**	der	**Mähdrescher**	der	**Traktor**
	grunzen		**melken**	der	**Trecker**
der	**Hahn**	der	**Mist**	das	**Vieh**
die	**Henne**	das	**Pferd**		**wiehern**
das	**Heu**	der	**Pflug**	die	**Ziege**

E ernst — etwas

ernst	Mach nicht so ein ernstes Gesicht!
	Trenne so: ern-ster
der **Ernst,** im Ernst	Das hat er doch nicht im Ernst gesagt.
die **Ernte,** die Ernten ⇨ 53, 69	das Erntedankfest, der Erntekranz,
	der Erntewagen, die Kartoffelernte,
	die Obsternte, ...
ernten, du erntest ⇨ 53	Er erntete die Äpfel.
erschrecken, du erschrickst,	Trenne so: er-schrek-ken
er erschrak, sie ist erschrocken	Ich bin erschrocken. Ich erschrak.
jmd. **erschrecken,** du erschreckst ihn,	Ich habe ihn erschreckt. Ich erschreckte
er erschreckte ihn, sie hat ihn	ihn.
erschreckt	
erst	Das habe ich erst jetzt erfahren.
erstaunt	Über seine Antwort bin ich erstaunt.
erste, erster	Sie kam als erste durchs Ziel.
	Trenne so: er-ste
ersticken, du erstickst	
erstmal	Rede erstmal mit ihm!
erwachsen	
der **Erwachsene,** die Erwachsenen	
erwähnen, du erwähnst	
erwidern, du erwiderst	Für *erwidern* kannst du auch *entgegnen*
	sagen.
erzählen, du erzählst ⇨ 145	Bitte, erzähl uns eine Geschichte.

es

es	Die Fürwörter *ich, du, er, sie es, ...* heißen
	auch *Pronomen*.
der **Esel,** die Esel	Zu den Bremer Stadtmusikanten gehören
	der Esel, der Hund, die Katze und der
	Hahn.
	In deinem Heft ist ein Eselsohr.
essen, du ißt, er aß,	Zu dem Wortfeld *essen* kannst du viele
sie hat gegessen ⇨ 105	andere Wörter finden: verzehren, speisen,
	futtern, verdrücken, schmausen, ...
das **Essen,** die Essen ⇨ 105	der Eßlöffel, das Eßgeschirr,
	das Mittagessen, das Abendessen,
	das Festessen, ...

et

etwa	Hast du etwa gebummelt?
	Ich habe etwa eine Stunde gewartet.
etwas	Ich möchte mir etwas anderes aussuchen.
	Er trinkt etwas Kaltes.

euch　　　　　　　　　　　　　　　　　　　　　Fahrrad　　F

eu

euch, Euch
euer, Euer
die **Eule,** die Eulen ⇨ 61

Europa

In Briefen wird *Euch* und *Euer* als Anrede
groß geschrieben.
Der Uhu, die Schleiereule, der Kauz,
die Waldeule und die Sumpfohreule
sind Eulenarten.

ev

evangelisch ⇨ 161

Abkürzung: *ev.*

ew

ewig

Das dauerte eine Ewigkeit.

ex

extra

F

fa

die **Fabel,** die Fabeln ⇨ 157
die **Fabrik,** die Fabriken ⇨ 49
das **Fach,** die Fächer

der **Faden,** die Fäden

die **Fahne,** die Fahnen
fahren, du fährst, er fuhr,
sie ist gefahren

Trenne so: Fa-brik
der Facharzt, der Fachlehrer, der Fachmann, die Fachschule, das Hauptfach,
das Handschuhfach, …
Kannst du den Faden in die Nadel
einfädeln?

Zu dem Wort *fahren* kannst du viele
verwandte Wörter finden. Sie gehören zur
gleichen Wortfamilie: die Fahrt, der Fahrer,
der Fahrstuhl, die Fahrbahn, die Fahrkarte,
das Fahrrad, der Fahrgast, das Fahrzeug,
der Fahrplan, der Fahrschein, der Fahrschüler, das Fahrzeug, die Autofähre,
die Einfahrt, die Vorfahrt, …

das **Fahrrad,** die Fahrräder ⇨ 165, 169

71

Fallfeiern

der **Fall,** die Fälle ⇨ 157 | Die vier Fälle heißen *Nominativ, Genitiv, Dativ* und *Akkusativ.*

fallen, du fällst, er fiel, sie ist gefallen | Zu dem Wort *fallen* kannst du viele verwandte Wörter finden. Sie gehören zur gleichen Wortfamilie: auf fallen, aus fallen, durch fallen, ein fallen, hin fallen, über fallen, der Fall, die Falle, das Fallobst, der Fallschirm, der Holzfäller, die Mausefalle, der Unfall, der Wasserfall, der Zufall, …

falls
falsch | Im Diktat hast du kein Wort falsch geschrieben.

die **Familie,** die Familien ⇨ 93 | das Familienfest, der Familienname, die Wortfamilie, …

fangen, du fängst, er fing, sie hat gefangen ⇨ 133 | Die kleine Maus befreite den Löwen, der sich in einem Netz verfangen hatte.

die **Farbe,** die Farben ⇨ 109, 149 | der Farbfernseher, der Farbtopf, der Farbstift, der Farbfilm, die Ölfarbe, die Wasserfarbe, …

der **Fasching** ⇨ 125 | In manchen Gegenden heißt der *Fasching* auch *Fastnacht* oder *Karneval.*

das **Faß,** die Fässer | der Faßreifen, das Faßbier, das Bierfaß, das Ölfaß, das Regenfaß, …

fassen, du faßt | Er konnte sein Glück nicht fassen.
fast | Er ist fast eine Stunde zu spät gekommen.
die **Fastnacht** | In manchen Gegenden sagt man für *Fastnacht* auch *Fasching* oder *Karneval.*

faul | Sei kein Faulpelz!
die **Faust,** die Fäuste | Er lacht sich eins ins Fäustchen.
Trenne so: Fäu-ste, Fäust-chen

fe

der **Februar,** im Februar ⇨ 188 | Wir feiern im Februar Karneval.
Trenne so: Fe-bruar

die **Feder,** die Federn ⇨ 61, 153

fegen, du fegst ⇨ 109 | Warum heißt der Schornsteinfeger *Schornsteinfeger?*

fehlen, du fehlst
der **Fehler,** die Fehler ⇨ 153 | Der Junge fehlt schon seit einer Woche.
die **Feier,** die Feiern ⇨ 125 | der Feiertag, die Geburtstagsfeier, die Hochzeitsfeier, die Weihnachtsfeier, …

feiern, du feierst ⇨ 125 | In unserer Klasse feiern wir Geburtstag.

Im Zoo

der **Affe**	der **Graben**	der **Papagei**
der **Bär**	**hangeln**	der **Pinguin**
brüllen	der **Käfig**	die **Schlange**
das **Dromedar**	das **Kamel**	der **Seehund**
der **Elefant**	das **Känguruh**	der **Strauß**
der **Flamingo**	**kreischen**	**tauchen**
das **Flußpferd**	**kriechen**	der **Tiger**
füttern	das **Krokodil**	**trampeln**
das **Gehege**	das **Lama**	**trompeten**
die **Giraffe**	der **Löwe**	der **Wolf**
das **Gitter**	das **Nashorn**	das **Zebra**

F Feige — Film

die **Feige,** die Feigen ⇨ 77

fein

der **Feind,** die Feinde
🅣 das **Feld,** die Felder ⇨ 53

das **Fell,** die Felle ⇨ 61

der **Felsen,** die Felsen ⇨ 49

das **Fenster,** die Fenster ⇨ 97

die **Ferien** (nur Mehrzahl) ⇨ 121

fern

fernsehen, beim Fernsehen
der **Fernseher,** die Fernseher ⇨ 97, 141, 191
fertig
fest

|fest|

das **Fest,** die Feste ⇨ 125

fett
das **Fett,** die Fette
feucht ⇨ 45
das **Feuer,** die Feuer

das Feigenblatt, der Feigenbaum,
die Ohrfeige, …

Das hast du fein gemacht.
Der Pfeffer ist fein gemahlen.

die Feldmaus, die Feldarbeit, die Feld-
blume, das Kornfeld, das Rübenfeld, …
Viele Tiere wechseln zweimal im Jahr ihr
Fell. Sie bekommen ein Sommerfell oder
ein Winterfell.
die Felsspitze, die Felsspalte, das felsige
Gestein, …
Das Wort *Fenster* kommt von dem
lateinischen Wort *fenestra.*
Trenne so: Fen-ster
der Ferientag, das Ferienlager,
die Ferienreise, die Sommerferien, …
Sie kommen von nah und fern.
das Fernrohr, das Ferngespräch,
der Fernfahrer, der Fernseher, …
Wie lange darfst du fernsehen?

Endlich ist die Arbeit fertig!
Für den Ausflug brauchen wir festes
Schuhwerk.
|fest| ist auch ein Wortbaustein:
|fest|binden, |fest|halten, |fest|kleben,
|fest|stellen, …
Trenne so: Fe-ste
der Festplatz, der Festtag, das Sportfest,
das Schulfest, …
Das Gegenteil von *mager* ist *fett.*
Auf der Suppe schwimmen Fettaugen.
Das Gegenteil von *feucht* ist *trocken.*
das Feuerwerk, die Feuerwehr,
das Feuerzeug, das Kaminfeuer,
das Osterfeuer, …

fi

die **Fichte,** die Fichten ⇨ 65
das **Fieber** (nur Einzahl) ⇨ 85
die **Figur,** die Figuren

der **Film,** die Filme ⇨ 149

Hast du schon Fieber gemessen?
Beim Schachspiel gibt es weiße und
schwarze Figuren.
der Filmstar, die Filmkamera,
der Kinderfilm, der Videofilm, …

Filzschreiber   flüstern   F

der **Filzschreiber,** die Filzschreiber ⇨ 153   Zum Geburtstag hat er viele bunte Filzstifte bekommen.

finden, du findest, er fand, sie hat gefunden   Der Hausmeister hat in der Turnhalle eine Uhr gefunden. Wer sucht, der findet!

der **Finger,** die Finger ⇨ 81   der Fingernagel, der Fingerhut, der Zeigefinger, der Ringfinger, ...

die **Firma,** die Firmen ⇨ 190   Vater arbeitet in einer großen Firma.
der **Fisch,** die Fische ⇨ 105   Fischers Fritze fischt frische Fische.

fl

flach   Legt euch flach auf die Matte!
die **Flasche,** die Flaschen ⇨ 105   die Flaschenpost, der Flaschenöffner, die Wasserflasche, die Milchflasche, ...

der **Fleck,** die Flecken   Trenne so: Flek-ken
das **Fleisch** ⇨ 105, 186   das Fleischgericht, die Fleischbrühe, das Schweinefleisch, das Zahnfleisch, ...

der **Fleischer,** die Fleischer   Für *Fleischer* sagt man in manchen Gegenden auch *Schlachter* oder *Metzger*.

der **Fleiß**   Ohne Fleiß kein Preis!
fleißig   Wer will fleißige Handwerker seh'n, ...
flicken, du flickst ⇨ 169   Trenne so: flik-ken
die **Fliege,** die Fliegen ⇨ 61   der Fliegenpilz, der Fliegenfänger, das Fliegengewicht, die Stechfliege, ...

fliegen, du fliegst, er flog, sie ist geflogen   Was ist eine fliegende Untertasse?

fliehen, du fliehst, er floh, sie ist geflohen   Für *fliehen* kannst du auch *flüchten* sagen.

fließen, er fließt, er floß, er ist geflossen ⇨ 49   Viele Flüsse fließen zum Meer.

die **Flöte,** die Flöten ⇨ 149   das Flötenspiel, der Flötenunterricht, die Flötentöne, die Blockflöte, ...

die **Flucht**   der Fluchtweg, der Flüchtling, ...
der **Flug,** die Flüge ⇨ 173   das Flugzeug, der Flughafen, der Vogelflug, ...

der **Flügel,** die Flügel ⇨ 61

das **Flugzeug,** die Flugzeuge ⇨ 173, 191
der **Fluß,** die Flüsse ⇨ 49   Welche großen Flüsse kennst du?
flüstern, du flüsterst   „Stille Post" ist ein Flüsterspiel. Trenne so: flü-stern

F folgen   frisch

fo   fö

folgen, du folgst
Der Hund folgt mir ins Haus.
Er folgt mir aufs Wort.

folgend
Lies die folgenden Wörter rückwärts: Rentner, Retter, Reittier, Radar.

fordern, du forderst
Was ist der Unterschied zwischen *fordern* und *bitten*?

fördern, du förderst
Zweimal in der Woche haben wir Förderunterricht.

die **Förderung,** die Förderungen
die **Form,** die Formen
Er ist *gut in Form*. Was bedeutet das?
Die Wolke hat die Form eines Schafs.

der **Förster,** die Förster ⇨ 57
Trenne so: För-ster

fort
Setze die Reihe fort: fortdauern, fortfahren, fortsetzen, …

das **Foto,** die Fotos ⇨ 149
Die Fotos sind gut gelungen.

fr

die **Frage,** die Fragen
Viele Fragen wurden uns nicht beantwortet.

fragen, du fragst ⇨ 153
Wen könnten wir noch fragen?

das **Fragezeichen** ⇨ 157
die **Frau,** die Frauen
das **Fräulein,** die Fräulein
frech
frei
Ist dieser Platz noch frei?

der **Freitag,** am Freitag ⇨ 188
freitags
Diese Zeitangabe wird klein geschrieben.

fremd
Ich sammle Briefmarken aus fremden Ländern.

fressen, du frißt, sie fraß, er hat gefressen
Der böse Wolf fraß sechs Geißlein.

die **Freude,** die Freuden
Mit dem Buch hast du mir eine große Freude gemacht.

sich **freuen,** du freust dich ⇨ 125
Alle freuen sich auf die Ferien.

der **Freund,** die Freunde
die **Freundin,** die Freundinnen
Zum Geburtstag habe ich meine Freunde und Freundinnen eingeladen.

freundlich
der **Frieden** (auch: der Friede), die Frieden
die Friedenspfeife, der Friedhof, der Weltfrieden, …

friedlich
Vertragt euch! Seid friedlich!

frieren, du frierst, er fror, sie hat gefroren ⇨ 45
Der Teich ist zugefroren.

frisch ⇨ 77, 186

frisch gestrichen

76

Auf dem Markt

	abwiegen	die Feige	die Orange
die Ananas	frisch	die Pampelmuse
der Apfel	das Gemüse	der Pfirsich
die Apfelsine	die Gurke	die Pflaume
die Aprikose	handeln	saftig
die Banane	die Kartoffel	der Salat
billig	kaufen	süß
die Birne	die Kirsche	teuer
der Blumenkohl	der Kohl	die Tomate
die Bohne	die Melone	verkaufen
die Dattel	die Mohrrübe	die Weintraube
die Erbse	die Nuß	die Zitrone
die Erdbeere	das Obst	die Zwiebel

F froh — gar

froh	Ich wünsche dir ein frohes Fest und
fröhlich	fröhliche Weihnachten.
der **Frosch,** die Frösche ⇨ 61	Aus dem Froschlaich entwickeln sich
	Kaulquappen. Sie werden nach einigen
	Wochen zu Fröschen.
die **Frucht,** die Früchte ⇨ 65	
früh	Kannst du heute etwas früher kommen?
der **Frühling,** im Frühling ⇨ 188	Für *Frühling* kannst du auch *Frühjahr*
	sagen.
das **Frühstück,** die Frühstücke	
frühstücken, du frühstückst	Am Sonntag frühstücken wir alle
	zusammen.

fu fü

Ⓣ der **Fuchs,** die Füchse ⇨ 61	Fuchs, du hast die Gans gestohlen, …
fühlen, du fühlst	Der Arzt fühlte den Puls.
führen, du führst	Der Mann führte den Hund an der Leine.
füllen, du füllst	Früher wurden Füller mit Tinte gefüllt,
der **Füller,** die Füller ⇨ 153	deshalb hießen sie *Füllfederhalter*.
fünf, fünfzehn, fünfzig, fünfhundert,	Er saß in der fünften Reihe.
fünfmal	
für	
furchtbar	
fürchten, du fürchtest	
fürchterlich	Für *fürchterlich* und *furchtbar* kannst du
	oft auch *schrecklich* sagen.
Ⓣ der **Fuß,** die Füße ⇨ 81	der Fußball, der Fußboden, der Fußgänger,
	der Plattfuß, der Hasenfuß, …
Ⓣ das **Futter,** die Futter	der Futterplatz, das Futterhäuschen,
	das Mantelfutter, das Rockfutter, …
füttern, du fütterst ⇨ 69, 73	Vergiß nicht, das Meerschweinchen zu
	füttern.

G

ga gä

Ⓣ die **Gabel,** die Gabeln ⇨ 105, 169	
Ⓣ der **Gang,** die Gänge	der Eingang, der Ausgang,
	der Spaziergang, …
die **Gans,** die Gänse ⇨ 69	der Gänsebraten, der Gänsemarsch,
	das Gänseblümchen, …
ganz	Ich schaffe das ganz allein.
gar	Das Fleisch ist noch nicht gar.

gar kein   geduldig   G

gar kein — Du brauchst dir darüber gar keine Sorgen zu machen.

gar nicht — Das kommt gar nicht in Frage.
gar nichts — Es passiert gar nichts.
der **Garten,** die Gärten ⇨ 113
der **Gärtner,** die Gärtner ⇨ 113
die **Gärtnerei,** die Gärtnereien — Die Gärtnerin muß in ihrer Gärtnerei viele Pflanzen versorgen.

die **Gasse,** die Gassen ⇨ 165 — Gassen sind schmale Straßen.
der **Gast,** die Gäste — Trenne so: Gä-ste
die **Gaststätte,** die Gaststätten ⇨ 121
der **Gaul,** die Gäule — Pferde werden auch *Gäule* genannt.

ge

ge Ge — Diesen Wortbaustein findest du in vielen Wörtern: das Ge biß, der Ge ruch, das Ge wässer, ge frieren, ge horsam, ge lungen, ge sehen, …

geb. — Abkürzung für *geboren*
das **Gebäck** — Der Bäcker hat Gebäck gebacken.
das **Gebäude,** die Gebäude — Dieses Gebäude wurde vor vielen Jahren erbaut.

geben, du gibst, er gab, sie hat gegeben — Bitte, gib mir das Buch.
das **Gebet,** die Gebete ⇨ 161
das **Gebiet,** die Gebiete
das **Gebirge,** die Gebirge ⇨ 49 — Ein Berg ist noch kein Gebirge.
gebirgig
geboren
gebrauchen, du gebrauchst
die **Geburt,** die Geburten
der **Geburtstag,** die Geburtstage ⇨ 125 — Trenne so: Geburts-tag
das **Gebüsch,** die Gebüsche ⇨ 53 — Gebüsche bieten vielen Kleintieren Unterschlupf.

der **Gedanke,** die Gedanken — Gedanken sind frei. Jeder kann denken, was er will. Worüber denkst du nach?

das **Gedicht,** die Gedichte ⇨ 145, 157
geduldig — Hab noch etwas Geduld. Sei geduldig!

79

G | **Ge**fahr   **ge**mütlich

die **Gefahr,** die Gefahren
gefährlich

gefallen, du gefällst mir,   Was hat dir heute besonders gefallen?
es gefiel mir nicht
das **Gefängnis,** die Gefängnisse   Der Räuber Hotzenplotz wurde gefangen
und kam ins Gefängnis.

das **Gefühl,** die Gefühle
gegen   Denke auch an Zusammensetzungen mit
gegen: gegeneinander, der Gegenspieler,
das Gegenteil, …

die **Gegend,** die Gegenden
das **Gegenteil**   Das Gegenteil von *heiß* ist *kalt.*
gegenüber
die **Gegenwart**   Vergangenheit → **Gegenwart** → Zukunft
Was du jetzt tust, geschieht in der
Gegenwart: Du **liest** im Wörterbuch.

geheim
das **Geheimnis,** die Geheimnisse

gehen, du gehst, er ging,   Geh doch mit!
sie ist gegangen
das **Gehirn,** die Gehirne ⇨ 81
gehören, du gehörst zu uns
die **Geige,** die Geigen ⇨ 149
der **Geist,** die Geister   Trenne so: Gei-ster
geizig
gelb
das **Geld**   das Geldstück, die Geldbörse,
das Milchgeld, das Taschengeld, …
die **Gelegenheit,** die Gelegenheiten   Er wartet auf eine günstige Gelegenheit.
gelingen, nichts gelang,
alles ist gelungen
gelten, du giltst, er galt,   Dieser Wurf gilt nicht. Mein Wurf hat auch
es hat gegolten   nicht gegolten.
gemein   Manchmal bist du richtig gemein.
So eine Gemeinheit!
gemeinsam   Das machen wir gemeinsam.
das **Gemüse** ⇨ 77, 105, 186
gemütlich

Der menschliche Körper

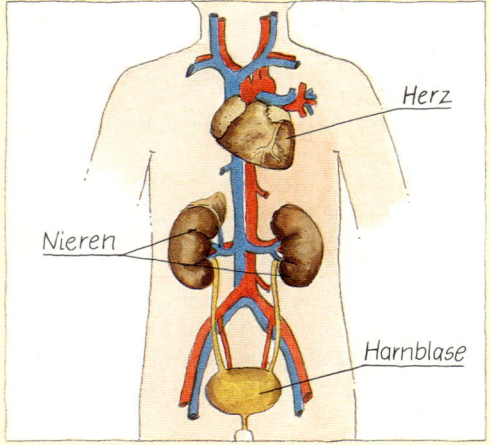

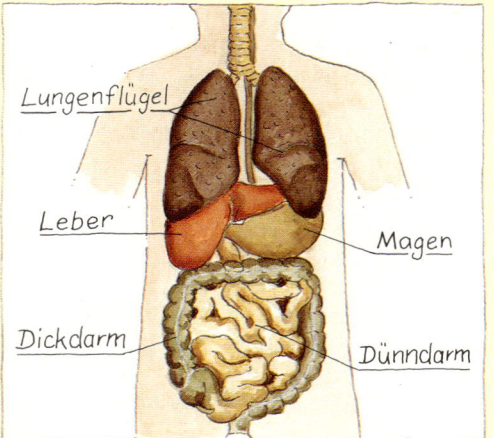

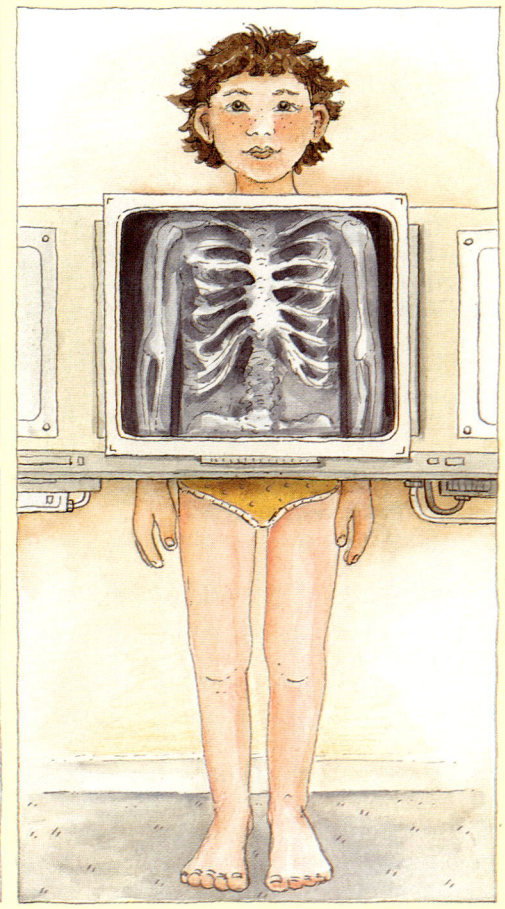

Labels on illustrations: Herz, Nieren, Harnblase, Lungenflügel, Leber, Magen, Dickdarm, Dünndarm

die **Ader**	der **Fuß**	die **Lunge**
der **Arm**	das **Gehirn**	der **Magen**
atmen	das **Gelenk**	der **Mund**
das **Auge**	das **Gesicht**	die **Nase**
die **Backe**	**gesund**	die **Niere**
der **Bauch**	das **Haar**	das **Ohr**
das **Becken**	die **Hand**	der **Po**
das **Bein**	das **Herz**	der **Rücken**
die **Blase**	das **Kinn**	**schlucken**
das **Blut**	das **Knie**	die **Schulter**
bluten	der **Kopf**	die **Stirn**
der **Darm**	der **Körper**	der **Zahn**
der **Daumen**	**krank**	der **Zeh**
der **Finger**	die **Leber**	die **Zunge**

G   genau   gestern

genau ⇨ 189 | Das mußt du schon genauer sagen!
genauso
genießen, du genießt, er genoß, | Das war ein Genuß! Wir haben es
sie hat genossen | genossen.
der **Genitiv** ⇨ 157 | Der *Genitiv* ist der *2. Fall (Wesfall oder Wessenfall)*.
 | **Wessen** Haus wird gestrichen?
 | Das Haus **des Nachbarn** wird gestrichen.

genug
genügend
das **Gepäck** ⇨ 121 | Früher gab es am Bahnhof Gepäckträger. Sie trugen das Gepäck der Fahrgäste. Heute gibt es Gepäckwagen.

gerade | Er ist gerade weggegangen.
 | Mit dem Lineal können wir gerade Linien zeichnen.

geradeaus
das **Gerät,** die Geräte | Schalte das Fernsehgerät ab.
geraten, es gerät, es geriet, | Der Kuchen ist gut geraten.
es ist geraten
das **Geräusch,** die Geräusche | Draußen rauscht es. Hörst du das Geräusch auch?

gerecht, ungerecht
gern (auch: gerne)
das **Geschäft,** die Geschäfte ⇨ 186, 190
geschehen, es geschieht,
es geschah, es ist geschehen
gescheit | Du bist wohl nicht gescheit!
das **Geschenk,** die Geschenke ⇨ 125
die **Geschichte,** die Geschichten ⇨ 145, 157 | Kennst du eine lange Geschichte?
der **Geschmack,** die Geschmäcke
geschwind
die **Geschwindigkeit,**
die Geschwindigkeiten
die **Geschwister** (nur Mehrzahl) ⇨ 93 | Zu *Geschwister* gibt es keine Einzahl.
das **Gesetz,** die Gesetze
das **Gesicht,** die Gesichter ⇨ 81

das **Gespenst,** die Gespenster ⇨ 145 | Trenne so: Ge-spen-ster
gestern ⇨ 188 | Trenne so: ge-stern
 | In Verbindung mit *gestern* werden Zeitangaben klein geschrieben: *gestern morgen, gestern abend, gestern mittag, …*

gesund   Gitter   **G**

gesund ➪ 81, 85
die **Gesundheit** (nur Einzahl)
getan

das **Getränk,** die Getränke ➪ 186

das **Getreide** ➪ 53

Das Gegenteil von *gesund* ist *krank*.

Darf man für etwas bestraft werden, was man nicht getan hat? Ich habe nämlich meine Hausaufgaben nicht gemacht.
Bier, Wein, Limonade sind Getränke. Ist Wasser auch ein Getränk?
Hafer, Weizen, Gerste, Roggen und Mais sind Getreidearten.

das **Gewächs,** die Gewächse

gewachsen
die **Gewalt,** die Gewalten
gewaltig
das **Gewand,** die Gewänder

gewesen (von: sein)
das **Gewicht,** die Gewichte ➪ 189

Viele Gewächse wachsen bei uns nur in Gewächshäusern.
Bist du aber gewachsen!
Wer Gewalt anwendet, ist gewalttätig.
Er strengt sich gewaltig an.
Die Schauspieler trugen prächtige Gewänder.
Wo bist du gewesen?

gewinnen, du gewinnst, er gewann, sie hat gewonnen ➪ 129, 137
gewiß

das **Gewissen,** die Gewissen
gewissenhaft
das **Gewitter,** die Gewitter ➪ 45

sich **gewöhnen,** sich etwas angewöhnen

das **Gewürz,** die Gewürze

Sie hat das Spiel gewonnen. Sie ist die Gewinnerin.
Er hat sich gewiß geirrt. Eigentlich sollte er das besser wissen.

Erledige die Aufgaben gewissenhaft!
Gleich nach dem Gewitter wurde das Wetter wieder schön.
Du hast dir etwas angewöhnt. Es ist dir zur Gewohnheit geworden.

gi

gießen, du gießt, es goß, sie hat gegossen ➪ 113
giftig
der **Gipfel,** die Gipfel
der **Gips**
die **Giraffe,** die Giraffen ➪ 73
die **Gitarre,** die Gitarren ➪ 149
das **Gitter,** die Gitter ➪ 73

Florian trägt seinen Arm in Gips.

G   glänzen　　　　　　　　　　　　　　　　　　Grippe

gl

glänzen, es glänzt
das Glas, die Gläser ⇨ 105

glatt
der Glaube (auch: der Glauben) ⇨ 161
glauben, du glaubst
gleich

das Glied, die Glieder
die Glocke, die Glocken

das Glück

glücklich
glühen, es glüht

das Glashaus, die Glasscherben,
das Wasserglas, das Brillenglas, …
Vorsicht, Glatteis!

Zwillinge sehen oft gleich aus.
Warte, ich komme gleich.
Sätze bestehen aus Satzgliedern.

Mein Glückwunsch: Viel Glück und alles Gute!

Das Holz glühte noch lange.

go

das Gold
golden
der Goldfisch, die Goldfische
der Gong
der Gott, die Götter ⇨ 161
der Gottesdienst

gr

das Grab, die Gräber
graben, du gräbst, er grub,
sie hat gegraben
der Grad, die Grade ⇨ 189
das Gramm, die Gramme ⇨ 189
das Gras, die Gräser ⇨ 53
gratis

gratulieren, du gratulierst ⇨ 125
grau
greifen, du greifst, er griff
die Grenze, die Grenzen
der Griff, die Griffe
grinsen, du grinst
die Grippe ⇨ 85

Pyramiden sind die Gräber der Pharaonen.

Heute nacht hatten wir sechs Grad Kälte.
Abkürzung: *g*

Diese Packung gibt es gratis. Sie kostet nichts.

Er hat sich das größte Stück gegriffen.

Grinse nicht so!
Manchmal kommt es zu einer Grippewelle.

Beim Arzt

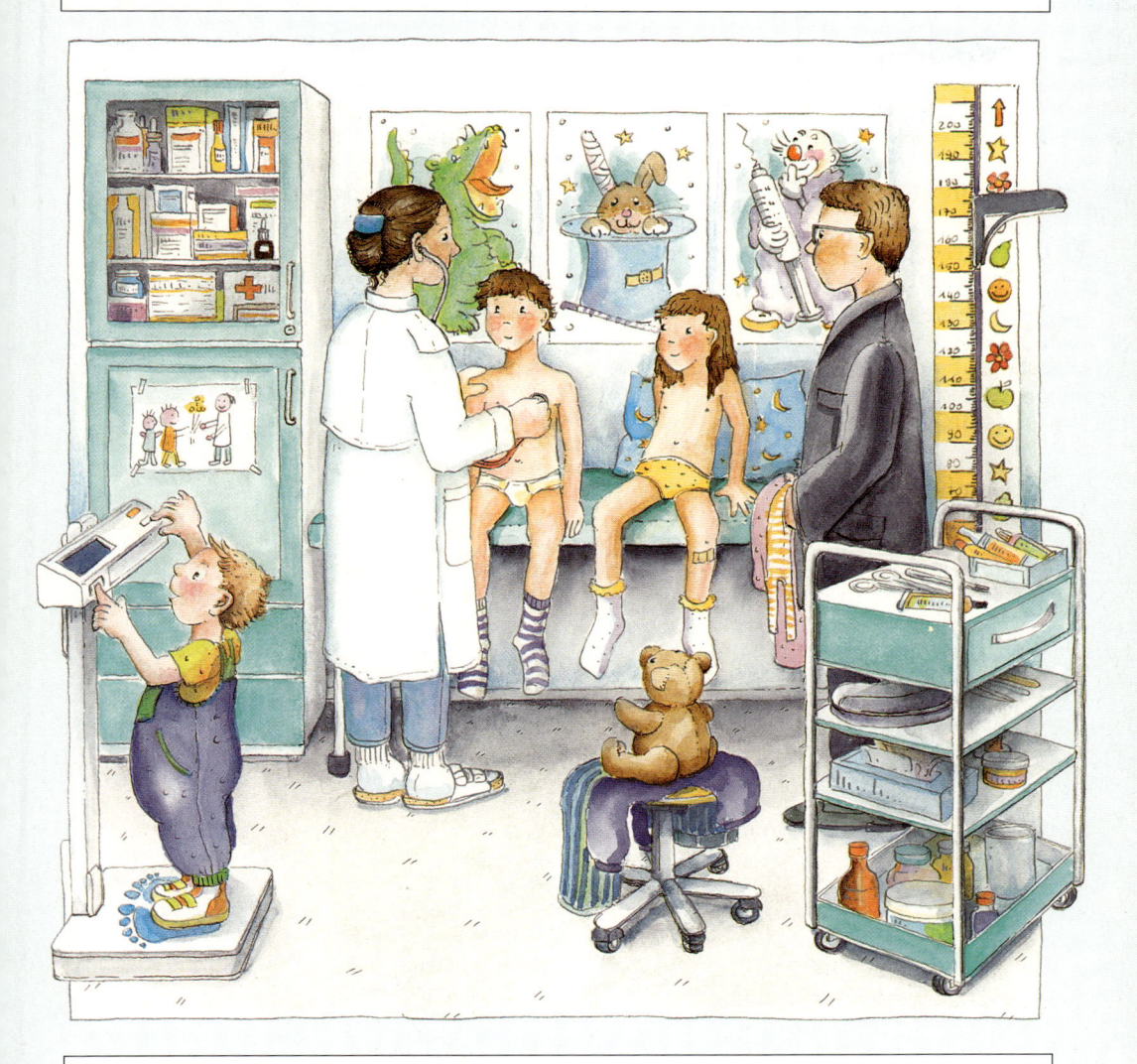

	abhören		gesund		schmerzen
	ängstlich	die	Grippe	die	Schramme
der	Arzt		husten	die	Spritze
die	Ärztin		krank	die	Tablette
das	Attest	das	Leiden		untersuchen
die	Beule	die	Medizin	der	Verband
der	Doktor	der	Patient		verbinden
	einatmen	das	Pflaster		verletzt
	einreiben	das	Rezept	das	Wartezimmer
das	Fieber	die	Salbe	die	Wunde
	gebrochen	der	Schmerz	der	Zahnarzt

G groß — Hahn

groß, größer, am größten

Ich möchte gerne groß sein. Die Großen dürfen immer alles.

die **Größe,** die Größen ⇨ 189
die **Großeltern** (nur Mehrzahl) ⇨ 93

Oma und Opa sind deine Großeltern. Meine Großeltern sind aber nicht groß.

grün

Die Ampel zeigt grünes Licht. Bei Grün darfst du gehen.

🅣 der **Grund,** die Gründe
gründlich
die **Gruppe,** die Gruppen

Hast du gründlich aufgeräumt?
die Gruppenarbeit, die Gruppenstunde, die Arbeitsgruppe, die Jugendgruppe, …

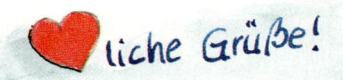

sich **gruseln,** du gruselst dich
der **Gruß,** die Grüße
grüßen, du grüßt

♥ liche Grüße!

gu   gü

gucken, du guckst ⇨ 141
das **Gummi,** die Gummi (auch: der Gummi, die Gummis)
der **Gürtel,** die Gürtel ⇨ 117
gut, besser, am besten

Trenne so: guk-ken
der Gummiball, das Gummiband, der Radiergummi, der Kaugummi, …

Ich wünsche dir alles Gute.

gy

das **Gymnasium,** die Gymnasien

H

ha   hä

das **Haar,** die Haare ⇨ 81

Ein Mann mit einer halben Glatze hat 7 300 Haare. Wie viele Haare hat ein Mann mit einer ganzen Glatze?

haben, du hast, er hatte
habgierig

Fast hätte ich es geschafft.
Wer habgierig ist, möchte immer mehr haben.

die **Hacke,** die Hacken ⇨ 113
hacken, du hackst

Trenne so: Hak-ke
Wo ist die Hacke? Ich will das Blumenbeet hacken. Hast du schon Holz gehackt?

der **Hafen,** die Häfen ⇨ 173
der **Hagel** ⇨ 45

Hagelkörner sind manchmal so groß wie Taubeneier.

🅣 der **Hahn,** die Hähne ⇨ 69

Hai   Heft   **H**

der **Hai,** die Haie
der **Haken,** die Haken   der Angelhaken, der Kleiderhaken,
           der Fleischhaken, …

  halb
die **Hälfte,** die Hälften   Welche Hälfte möchtest du?
           Sind Hälften immer gleich groß?
die **Halle,** die Hallen   das Hallenbad, das Hallendach,
           die Sporthalle, die Eislaufhalle, …

  hallo
der **Halm,** die Halme ⇨ 53   Hallo!   Halt!
der **Hals,** die Hälse
  halt
  halten, du hältst, er hielt,   Der Bus hat an der Haltestelle gehalten.
  sie hat gehalten
der **Hammer,** die Hämmer ⇨ 109
der **Hamster,** die Hamster
die **Hand,** die Hände ⇨ 81   der Handschuh, das Handtuch,
           die Handtasche, die Kinderhand, …

  handeln, du handelst ⇨ 77   Der Händler handelt mit Obst.
           Die Geschichte handelt von Rittern und
           Drachen.

  hängen, es hängt, es hing   Mutter hängt das Bild an die Wand. Nun
           hängen vier Bilder nebeneinander.

  hart, härter, am härtesten
der **Hase,** die Hasen ⇨ 61
er **hat,** du hast, er hatte (von: haben)
  hauen, du haust   Hau ab!
der **Haufen,** die Haufen
  häufig   Sie kam häufig zu spät.
das **Haupt,** die Häupter   die Hauptstraße, das Oberhaupt,
           der Häuptling, …

die **Hauptsache**
das **Haus,** die Häuser ⇨ 165   die Hausaufgabe, der Haushalt,
           die Haustür, das Schneckenhaus,
           zu Hause, …
die **Haut,** die Häute ⇨ 61   Schlangen müssen ihre Haut wechseln.
           Sie häuten sich.

he

der **Hebel,** die Hebel
  heben, du hebst, er hob,
  sie hat gehoben
die **Hecke,** die Hecken ⇨ 53   Trenne so: Hek-ke
           Hecken bieten Vögeln sichere Nistplätze.
das **Heft,** die Hefte ⇨ 153   die Heftklammern, der Heftumschlag, das
           Hausheft, das Schulheft, das Merkheft, …

H **Hei**delbeere **her**rlich

die **Heidelbeere,** die Heidelbeeren ⇨ 65
heil

Die Tasse ist auf die Fliesen gefallen, aber sie ist heil geblieben.

das **Heim,** die Heime
die Heimfahrt, die Heimkehr,
das Altenheim, das Wohnheim, …

|heim| Diesen Wortbaustein findest du in vielen Wörtern: |heim|fahren, |heim|gehen, |heim|kommen, …

heimlich
heiraten, du heiratest
heiß ⇨ 45, 105, 189
heißen, du heißt, er hieß

Früher hieß das *Fahrrad* auch *Veloziped*.

heizen, du heizt
die **Heizung,** die Heizungen ⇨ 97
der Heizkörper, der Heizkessel,
die Ölheizung, die Gasheizung, …

helfen, du hilfst, er half, sie hat geholfen
Wem hast du heute schon geholfen?

hell
Er hatte einen hellen Pullover an. Ich glaube, er war hellblau oder hellbraun.

der **Helm,** die Helme

das **Hemd,** die Hemden ⇨ 117
die **Henne,** die Hennen ⇨ 69

|her| Diesen Wortbaustein findest du in vielen Wörtern: |her|hören, |her|kommen, |her|sehen, …
Trenne so: her-auf, her-aus

|herauf|
|heraus|
Mit diesen Wörtern kannst du zusammengesetzte Wörter bilden:
|herauf|kommen, |herauf|steigen,
|heraus|gehen, |heraus|gucken,
|heraus|holen, |heraus|kommen, …

der **Herbst,** im Herbst ⇨ 188
der **Herd,** die Herde ⇨ 101
die Herdplatte, der Elektroherd,
der Gasherd, der Kohleherd, …

die **Herde,** die Herden
die Schafherden, die Rinderherden,
die Ziegenherden, …

herein
Trenne so: her-ein
|herein| Mit diesem Wort kannst du zusammengesetzte Wörter bilden:
|herein|kommen, |herein|lassen, …

der **Herr,** die Herren
die **Herrin,** die Herrinnen
herrlich

88

Im Krankenhaus

die	**Aufnahme**	das	**Krankenzimmer**		**röntgen**
das	**Blaulicht**	die	**Narkose**	die	**Röntgenstation**
die	**Erste-Hilfe-Station**	der	**Notarzt**	das	**Spielzimmer**
die	**Intensivstation**	der	**Notarztwagen**		**trösten**
die	**Klinik**	die	**Operation**	die	**Unfallstation**
der	**Krankenpfleger**	der	**Patient**		**untersuchen**
die	**Krankenschwester**		**pflegen**		**verbinden**
der	**Krankenwagen**		**retten**		**weinen**

H | **he**rüber | **hi**nunter

| herüber |
| herum |
| herunter |
| hervor |

Trenne so: her-über, her-um, her-unter, her-vor, …
Mit diesen Wörtern kannst du viele zusammengesetzte Wörter bilden:
|herüber|ziehen, |herum|drehen, |herum|fahren, |herum|laufen, |herunter|fahren, |herunter|fallen, |herunter|gehen, |herunter|kommen, |herunter|rutschen, |hervor|ragen, …

das **Herz,** die Herzen ⇨ 81
herzlich
hetzen, du hetzt

Wir heißen alle herzlich willkommen.
Das war eine Hetze. Ich bin völlig abgehetzt.

das **Heu** (nur Einzahl) ⇨ 69

die Heuernte, der Heuwagen, der Heuschnupfen, …

heulen, du heulst
heute ⇨ 188

In Verbindung mit *heute* werden Zeitangaben klein geschrieben: *heute mittag, heute abend, …*

die **Hexe,** die Hexen ⇨ 145

hi

hier
hierher
hierhin
die **Hilfe,** die Hilfen

Der Verletzte braucht Hilfe. Der Autofahrer leistet *Erste Hilfe.*

hilfsbereit
die **Himbeere,** die Himbeeren ⇨ 65
der **Himmel,** die Himmel ⇨ 41
|hin|

Diesen Wortbaustein findest du in vielen Wörtern: |hin|fallen, |hin|fliegen, |hin|gehen, |hin|kommen, |hin|legen, |hin|setzen, |hin|stellen, …

| hinauf |
| hinaus |
| hinein |
| hinten |
| hinter |
| hintereinander |
| hinterher |
| hinüber |
| hinunter |

Trenne so: hin-auf, hin-aus, hin-ein, …
Mit diesen Wörtern kannst du viele zusammengesetzte Wörter bilden:
|hinauf|gehen, |hinaus|beugen, |hinein|stecken, |hinter|lassen, |hintereinander|gehen, |hinterher|laufen, |hinüber|springen, |hinunter|steigen, …

Hirsch   hupen   **H**

der **Hirsch,** die Hirsche ⇨ 61
der **Hirt,** die Hirten
die **Hitze** ⇨ 45   Bei großer Hitze gibt es hitzefrei.

ho   hö

das **Hobby,** die Hobbys ⇨ 129   Welches Hobby hast du?
hoch, höher, am höchsten   Dieses Wort ist auch ein Wortbaustein:
                                          hoch gehen, hoch kommen, …
die **Hochzeit,** die Hochzeiten   die Hochzeitstorte, die Hochzeitskutsche,
                                          das Hochzeitskleid, die Silberhochzeit, …
hocken, du hockst   Wer immer zu Hause hockt, ist ein
                                          Stubenhocker.
                                          Trenne so: hok-ken
der **Hof,** die Höfe ⇨ 153   der Hofhund, das Hoftor, der Schulhof,
                                          der Bauernhof, …

hoffen, du hoffst
hoffentlich   Du hast hoffentlich viel Glück.
die **Hoffnung,** die Hoffnungen
höflich
hohe   In den Alpen gibt es viele hohe Berge.
die **Höhle,** die Höhlen   Drachen sollen in Höhlen gelebt haben.
holen, du holst   Ich habe mir einen Schnupfen geholt.
das **Holz,** die Hölzer ⇨ 57
der **Honig** ⇨ 101
hoppla   Hoppla!
                                          Fast wäre ich gestolpert.
hören, du hörst ⇨ 141

das **Horn,** die Hörner
die **Hose,** die Hosen ⇨ 117
das **Hotel,** die Hotels ⇨ 121

hu   hü

hübsch
der **Hubschrauber,**
    die Hubschrauber ⇨ 173
das **Huhn,** die Hühner ⇨ 69
der **Hund,** die Hunde ⇨ 69   das Hundefutter, die Hundehütte,
                                          die Hunderasse, der Rassehund,
                                          der Schoßhund, der Blindenhund, …
hundert, hundertmal   Er feierte seinen hundertsten Geburtstag.
der **Hunger**   Nach dem Ausflug haben alle Hunger.
hungrig ⇨ 105   Wir sind hungrig.
hupen, du hupst   Hier dürfen Autofahrer nicht hupen.

H hüpfen   Instrument

hüpfen, du hüpfst ⇨ 137
hurra

> Hurra,
> wir haben gewonnen!

husten, du hustest ⇨ 85
Trenne so: hu-sten
Warum hustest du? Hast du etwa Husten?

der **Hut,** die Hüte ⇨ 117
die **Hütte,** die Hütten

I

ich
Die Fürwörter *ich, du, er, sie, es, ...* heißen auch *Pronomen.*
die **Idee,** die Ideen
Ein Erfinder braucht gute Ideen.
der **Igel,** die Igel ⇨ 61
Igel husten wie Menschen.
ihm, ihn, ihnen
ihr, ihre, ihrem, ihren
im (für: in dem)
immer
Bist du immer noch nicht fertig?
Ich übe die Wörter immer wieder.
impfen, du wirst geimpft
Trenne so: imp-fen
Impfungen werden im Impfpaß eingetragen.

in
der **Indianer,** die Indianer
Indianer gibt es in Südamerika und in Nordamerika. Einige Stämme leben heute in Reservaten.

die **Industrie,** die Industrien ⇨ 190
Trenne so: In-du-strie
die Industrieanlage, das Industriegebiet, die Textilindustrie, die Stahlindustrie, ...
der **Infinitiv,** die Infinitive ⇨ 157
Im Wörterbuch stehen die Verben im *Infinitiv.* Der *Infinitiv* heißt auch *Grundform.*
informieren, du informierst, er informiert sich
Er ist über Saurier gut informiert. Er weiß Bescheid.
der **Inhalt,** die Inhalte
Auf den Inhalt kommt es an.
innen
innerhalb
ins (für: in das)
Wir gehen heute in das Hallenbad. Oder sollen wir ins Freibad gehen?
das **Insekt,** die Insekten
Es gibt mehr als 700 000 Arten von Insekten.
die **Insel,** die Inseln
Was würdest du auf eine einsame Insel mitnehmen?
insgesamt
das **Instrument,** die Instrumente ⇨ 149
Trenne so: In-stru-ment
Welches Instrument spielst du?

Verwandte

	alt	die	Großeltern	die	Schwester
der	Angehörige		jung	der	Sohn
der	Bruder	das	Kind	die	Tante
die	Eltern	die	Kusine	die	Tochter
der	Enkel	die	Mutter	die	Urgroßeltern
die	Enkelin	die	Oma	der	Vater
die	Familie	der	Onkel		verwandt
die	Geschwister	der	Opa	der	Vetter (Cousin)

93

interessant · **J**ugend

interessant ⇨ 129, 141
interessieren, du interessierst dich

Trenne so: inter-essieren
Schach ist ein interessantes Spiel. Immer mehr Kinder zeigen dafür Interesse.

inzwischen
irgend

Irgend wie habe ich gehört: Irgend wo sagte irgend einer irgend was zu irgend welchen Leuten.

sich **irren,** du irrst dich
er **ist,** du bist (von: sein)

Wer hat sich noch nie geirrt?

J

ja
die **Jacke,** die Jacken ⇨ 117
die **Jagd,** die Jagden
jagen, du jagst, er jagt
der **Jäger,** die Jäger
das **Jahr,** die Jahre ⇨ 188
das **Jahrhundert,** die Jahrhunderte
jährlich
das **Jahrzehnt,** die Jahrzehnte
jämmerlich
der **Januar,** im Januar ⇨ 188

je

Trenne so: Jak-ke
Nur wer eine Jägerprüfung abgelegt hat, darf auf die Jagd gehen.

In welchem Jahrhundert leben wir?

In Süddeutschland heißt der *Januar* auch *Jänner*.
Je eher du anfängst, desto früher bist du fertig.
Wir haben je Schüler eine Mark Eintritt bezahlt.

die **Jeans** ⇨ 117

jedenfalls
jede, jeder, jedes
jedoch
jemand
jener
jetzt
der **Joghurt,** die Joghurts ⇨ 101

der **Jubel**
jubeln, du jubelst
jucken, es juckt mich

die **Jugend**

die Jeansjacke, der Jeansrock,
das Jeanshemd, ...
Ich habe jedenfalls nichts davon gewußt.

Es klopft jemand an die Tür.

Trenne so: Jo-ghurt
Ich mag am liebsten Joghurt mit Erdbeeren.
Der Jubel über unseren Sieg war riesig.

Den Samen der Hagebutte kann man auch als Juckpulver verwenden.
Trenne so: juk-ken
Kinder → Jugendliche → Erwachsene

Juli Kanne K

der **Juli,** im Juli ⇨ 188

jung, jünger, am jüngsten ⇨ 93
das **Junge,** die Jungen

der **Junge,** die Jungen
der **Juni,** im Juni ⇨ 188

In den meisten Ländern beginnen im Juli die Sommerferien.

Die Katze hat ihre Jungen im Schrank versteckt.

Statt *Juni* sagen manche Leute auch *Juno*.

K

ka kä

das **Kabel,** die Kabel ⇨ 141

der **Käfer,** die Käfer ⇨ 61

das Kabelfernsehen, die Kabeltrommel, das Stromkabel, das Telefonkabel, …

der **Kaffee** ⇨ 101

die Kaffeekanne, die Kaffeetasse, die Kaffeebohne, der Eiskaffee, …

der **Käfig,** die Käfige ⇨ 73

Ein *Vogelkäfig* wird auch *Vogelbauer* genannt.

kahl ⇨ 57
der **Kahn,** die Kähne ⇨ 173

der **Kakao** ⇨ 101, 125

Kakaopulver wird aus dem Samen des Kakaobaumes gewonnen.

der **Kalender,** die Kalender ⇨ 188

das Kalenderblatt, der Taschenkalender, der Abreißkalender, …

kalt, kälter, am kältesten ⇨ 45, 105, 189
die **Kamera,** die Kameras ⇨ 149

der Kameramann, die Kameratasche, die Fernsehkamera, die Videokamera, …

der **Kamin,** die Kamine ⇨ 97
der **Kamm,** die Kämme

Ein Kaminfeger muß schwindelfrei sein.

kämmen, du kämmst
der **Kampf,** die Kämpfe
kämpfen, du kämpfst
der **Kanal,** die Kanäle

Hast du dich heute schon gekämmt?
der Kampfrichter, der Wettkampf, …
Trenne so: kämp-fen
der Mittellandkanal, der Abwasserkanal, …
Die Sendung ist auf Kanal 45 zu empfangen.

das **Kaninchen,** die Kaninchen
er **kann,** du kannst (von: können)
die **Kanne,** die Kannen ⇨ 101

der Kannendeckel, die Milchkanne, …

Kanzler kaum

der **Kanzler,** die Kanzler Konrad Adenauer war der erste Kanzler der Bundesrepublik Deutschland. Wer ist heute Bundeskanzler?

🅣 die **Kapelle,** die Kapellen ⇨ 149, 161

kapieren, du kapierst
der **Kapitän,** die Kapitäne ⇨ 173 die Kapitänskajüte, der Flugkapitän, der Mannschaftskapitän, …
das **Kapitel,** die Kapitel *Kapitel* nennt man die Abschnitte in einem Buch.
kaputt Die Tasse ist kaputt. Sie hat einen Sprung.
die **Kapuze,** die Kapuzen ⇨ 117 Viele Anoraks haben eine Kapuze.
kariert eine karierte Bluse, ein kariertes Heft, …
der **Karneval,** die Karnevale (auch: die Karnevals) ⇨ 125 In manchen Gegenden heißt der *Karneval* auch *Fasching* oder *Fastnacht*.
🅣 die **Karte,** die Karten Ein Quartett besteht aus vier Karten.
die **Kartoffel,** die Kartoffeln ⇨ 53, 77, 105 der Kartoffelbrei, die Kartoffelklöße, der Kartoffelsalat, die Salzkartoffeln, die Bratkartoffeln, …

der **Karton,** die Kartons Die Klasse hat zwei Kartons Altpapier gesammelt.

der **Käse,** die Käse ⇨ 101 das Käsemesser, die Käseschachtel, der Schmelzkäse, der Weichkäse, der Schnittkäse, …

der **Kasper,** die Kasper, das Kasperle ⇨ 129 Zu einem Kasperletheater gehören auch eine Hexe, ein Räuber, ein Polizist und ein Krokodil.

die **Kasse,** die Kassen ⇨ 186, 187
der **Kassettenrecorder,** die Kassettenrecorder ⇨ 141
der **Kasten,** die Kästen Trenne so: Ka-sten
Susi kann schon eine Hocke über den Kasten. Sie weiß auch sehr viel. Susi hat viel auf dem Kasten.
der **Katalog,** die Kataloge Versandhäuser bieten ihre Waren in Katalogen an.
🅣 der **Kater,** die Kater ⇨ 69 Er fängt Mäuse wie eine Katze und schleicht auf samtweichen Pfoten wie eine Katze, ist aber keine Katze. Wer ist es?
katholisch ⇨ 161 Abkürzung: *kath.*
die **Katze,** die Katzen ⇨ 69
kauen, du kaust
kaufen, du kaufst ⇨ 77, 186 Gut gekaut ist halb verdaut!
Schau nur, wie die Leute in das Kaufhaus laufen und sich lauter Läufer kaufen.

der **Kaugummi,** die Kaugummi (auch: die Kaugummis)
kaum

Zu Hause

die **Badewanne**	der **Keller**	das **Sofa**
das **Badezimmer**	das **Kinderzimmer**	der **Spiegel**
der **Balkon**	das **Klo**	der **Stuhl**
das **Bett**	die **Küche**	der **Teppich**
das **Bild**	die **Lampe**	der **Tisch**
der **Boden**	die **Miete**	die **Toilette**
das **Dach**	die **Möbel**	die **Treppe**
die **Dusche**	das **Radio**	die **Tür**
das **Fenster**	das **Schlafzimmer**	die **Uhr**
der **Fernseher**	der **Schlüssel**	die **Wand**
der **Flur**	der **Schornstein**	das **Waschbecken**
die **Heizung**	der **Schrank**	die **Wohnung**
der **Kamin**	der **Sessel**	das **Wohnzimmer**

kehren kitzeln

ke

kehren, du kehrst ⇨ 109
keimen, es keimt ⇨ 113

Für *kehren* kann man auch *fegen* sagen.
Wenn Samen keimen, nehmen sie viel Wasser auf.

kein, keinem, keinen, keiner
der **Keks** (auch: das Keks), die Kekse (auch: die Keks)

Das Wort *Keks* kommt aus dem Englischen. Es bedeutet so viel wie *Kuchen*.

der **Keller,** die Keller ⇨ 97
kennen, du kennst, sie kannte, er hat gekannt

Meine Brieffreundin habe ich im Urlaub kennengelernt. Wir kennen uns jetzt schon zwei Jahre.

der **Kerl,** die Kerle (auch: die Kerls)

Das ist ein Kerl! Hat er das nicht gut gemacht?

der **Kern,** die Kerne ⇨ 65

das Kernobst, das Kerngehäuse, der Apfelkern, die Sonnenblumenkerne, …

die **Kerze,** die Kerzen
die **Kette,** die Ketten

das Kettenglied, die Halskette, die Hundekette, die Menschenkette, …

keuchen, du keuchst

Sie erreichen keuchend das Ziel.

kg

kg

Abkürzung für *Kilogramm*

ki

kichern, du kicherst
die **Kiefer,** die Kiefern ⇨ 65
das **Kilogramm,** die Kilogramme ⇨ 189
der **Kilometer,** die Kilometer ⇨ 189
das **Kind,** die Kinder ⇨ 93

Über diesen Witz kann ich nur kichern.

Die Kurzform für *Kilogramm* ist *Kilo*.
Ein Kilometer hat 1 000 Meter.
Die meisten Kinder besuchen vom vierten Lebensjahr an einen Kindergarten.

das **Kinn,** die Kinne ⇨ 81
das **Kino,** die Kinos ⇨ 149

Manche Kinos heißen auch heute noch *Lichtspieltheater* oder *Filmtheater*.

kippen, du kippst
die **Kirche,** die Kirchen ⇨ 161
die **Kirsche,** die Kirschen ⇨ 77

Die Kirche der Moslems heißt *Moschee*.
der Kirschbaum, die Kirschblüte, die Sauerkirschen, die Süßkirschen, die Wildkirschen, …

das **Kissen,** die Kissen

Ein gutes Gewissen ist ein sanftes Ruhekissen.

die **Kiste,** die Kisten
kitzeln, du kitzelst

Trenne so: Ki-ste.
Bist du kitzlig?

Kl.   km

kl

Kl.   Abkürzung für *Klasse*
klagen, du klagst
klappen, es klappt   Endlich hat es geklappt!
klappern, es klappert   Es klapperten die Klapperschlangen,
                                     bis ihre Klappern schlapper klangen.

klar
die **Klasse,** die Klassen ⇨ 153   Sie geht in die 4. Klasse.

klasse   Das ist klasse!

klatschen, du klatschst ⇨ 149   Er klatschte mit dem Bauch auf dem
                                     Wasser auf. Wer klatscht denn da?

klauen, du klaust
kleben, du klebst ⇨ 109, 187   Ich will das Bild aufkleben. Leihst du mir
                                     deinen Kleber?
der **Klee,** die Kleearten ⇨ 53   Ein vierblättriges Kleeblatt soll Glück
                                     bringen.
das **Kleid,** die Kleider ⇨ 117   der Kleiderbügel, der Kleiderschrank,
                                     das Sommerkleid, das Festkleid, …
die **Kleidung** ⇨ 117
klein   Ich möchte gern klein sein. Die Kleinen
                                     dürfen immer spielen.
klettern, du kletterst ⇨ 49, 133   Er klettert wie ein Affe.
die **Klingel,** die Klingeln ⇨ 169   das Klingelzeichen, der Klingelbeutel,
                                     die Haustürklingel, die Fahrradklingel, …

klingeln, du klingelst ⇨ 169
klingen, es klingt, es klang,   Die Instrumente klingen gut zusammen.
es hat geklungen   Das gibt einen guten Klang.
die **Klinik,** die Kliniken ⇨ 89   die Augenklinik, die Kinderklinik,
                                     die Herzklinik, …

klirren, es klirrt   klirrende Scheiben, klirrender Frost, …
das **Klo,** die Klos ⇨ 97   Abkürzung für *Klosett*
klopfen, du klopfst   Hörst du, wie die Tropfen an das Fenster
                                     klopfen?
der **Kloß,** die Klöße ⇨ 105   der Kloßteig, die Kartoffelklöße, …
klug, klüger, am klügsten   Wer klug ist, gibt bei Streit auch einmal
                                     nach.

km

km   Abkürzung für *Kilometer*

99

K knabbern — Königin

kn

knabbern, du knabberst

der **Knall,** die Knalle
knallen, es knallt
knattern, es knattert
der **Knecht,** die Knechte

kneten, du knetest
knicken, du knickst

das **Knie,** die Knie ➪ 81

knien, du kniest
knipsen, du knipst
knistern, es knistert

der **Knochen,** die Knochen
der **Knödel,** die Knödel ➪ 105
der **Knopf,** die Knöpfe
die **Knospe,** die Knospen ➪ 65
der **Knoten,** die Knoten
knurren, er knurrt

Wer hat denn an meiner Schokolade geknabbert?
Silvester wird laut geknallt. Das laute Knallen soll die bösen Geister vertreiben.

Früher waren auf jedem Bauernhof Knecht und Magd beschäftigt.

Trenne so: knik-ken

Fotos Bitte nicht knicken!

das Kniegelenk, die Kniebeuge, die Kniestrümpfe, ...

Trenne so: kni-stern
Das Feuer knistert.

Knödel ist ein anderer Name für *Klöße*.
das Knopfloch, der Klingelknopf, ...
Trenne so: Knos-pe
Was bedeutet ein Knoten im Taschentuch?

ko kö

kochen, du kochst ➪ 101

der **Koffer,** die Koffer ➪ 121

die **Kohle,** die Kohlen

komisch
das **Komma,** die Kommas ➪ 157
kommen, du kommst, sie kam, er ist gekommen
die **Kommunion** ➪ 161

die **Konfirmation** ➪ 161

der **König,** die Könige ➪ 145
die **Königin,** die Königinnen ➪ 145

Die besten Köche werden mit dem *Goldenen Kochlöffel* ausgezeichnet.
der Kofferraum, der Koffergriff, der Lederkoffer, der Reisekoffer, ...
Nur noch wenige Leute heizen mit Kohlen.
Manchmal sagt man zu *Geld* auch *Kohle*.

Komm mit!

Katholische Kinder gehen in der 3. Klasse zur *Ersten Heiligen Kommunion*.
Wenn Jungen und Mädchen zur Konfirmation gehen, nennen wir sie *Konfirmanden*.
Es waren einmal ein König und eine Königin, ...

In der Küche

der	**Aufschnitt**	der	**Kakao**		**probieren**
	backen	die	**Kanne**	das	**Salz**
	braten	der	**Käse**	die	**Schüssel**
das	**Brot**		**kochen**	der	**Senf**
das	**Brötchen**	der	**Kühlschrank**	das	**Sieb**
die	**Butter**	die	**Limonade**	die	**Spüle**
das	**Ei**	die	**Margarine**	die	**Spülmaschine**
der	**Essig**	die	**Marmelade**	der	**Stuhl**
das	**Geschirr**	das	**Mehl**	der	**Tee**
der	**Herd**	der	**Mülleimer**	der	**Tisch**
der	**Honig**	das	**Öl**	der	**Topf**
der	**Joghurt**	die	**Pfanne**		**umrühren**
der	**Kaffee**	der	**Pfeffer**	der	**Zucker**

K | können — Kreis

können, du kannst, er konnte,
sie hat gekonnt
der **Konsonant,** die Konsonanten ⇨ 157 — *Konsonanten* heißen auch *Mitlaute*.
kontrollieren, du kontrollierst
das **Konzert,** die Konzerte ⇨ 149 — die Konzertkarte, das Rockkonzert, …
ⓣ der **Kopf,** die Köpfe ⇨ 81 — die Kopfschmerzen, der Salatkopf, …
das **Kopfkissen,** die Kopfkissen
kopieren, du kopierst — Mit dem Kopierer kann man Kopien machen.

der **Koran,** die Korane ⇨ 161
der **Korb,** die Körbe — der Korbball, der Korbmacher, der Einkaufskorb, …
das **Korn,** die Körner ⇨ 53 — Getreidesamen heißen *Körner*.
der **Körper,** die Körper ⇨ 81
korrigieren, du korrigierst
kosten, du kostest, er kostet — Trenne so: ko-sten
Er kostete von der Marmelade.

kosten, sie kostet — Trenne so: ko-sten
Die Schokolade schmeckte sehr gut, obwohl sie gar nicht viel gekostet hat.

die **Kosten** (nur Mehrzahl) ⇨ 186 — Trenne so: Ko-sten
Für *Kosten* sagt man auch *Unkosten*.

das **Kostüm,** die Kostüme ⇨ 125 — Trenne so: Ko-stüm

kr

Krabbelstube

krabbeln, du krabbelst
der **Krach** — Bei diesem Krach kann niemand arbeiten.
krachen, es kracht
die **Kraft,** die Kräfte — Ein Gewichtheber braucht viel Kraft. Er muß kräftig sein.
kräftig
der **Kragen,** die Kragen (auch: die Krägen) ⇨ 117 — Er packte ihn am Kragen.
krähen, er kräht ⇨ 69 — Kräht der Hahn früh auf dem Mist, ändert sich das Wetter, oder es bleibt, wie es ist.

die **Kralle,** die Krallen ⇨ 61 — Katzen können ihre Krallen einziehen.
der **Kran,** die Kräne (auch: die Krane) ⇨ 165, 173 — Der *Kran* hat seinen Namen vom *Kranich*, einem Vogel mit langem Hals.
krank ⇨ 81, 85, 89
die **Krankheit,** die Krankheiten — Bei schwerer Krankheit werden kranke Kinder mit dem Krankenwagen ins Krankenhaus gefahren.

der **Kranz,** die Kränze — die Kranzschleife, der Adventskranz, …
kratzen, du kratzt — Warum hat der Hund an der Tür gekratzt?
der **Kreis,** die Kreise — Kannst du ohne Zirkel einen Kreis zeichnen?
Zu welchem Kreis gehört dein Heimatort?

Kreuz   lachen   **L**

- das **Kreuz,** die Kreuze ⇨ 161
- die **Kreuzung,** die Kreuzungen   An der Kreuzung kreuzen sich zwei Straßen.

  kriechen, du kriechst, er kroch, sie ist gekrochen ⇨ 73
- der **Krieg,** die Kriege   Hoffentlich gibt es nie mehr Krieg.
  kriegen, du kriegst   Ich habe ein neues Fahrrad gekriegt.
- das **Krokodil,** die Krokodile ⇨ 73
- die **Krone,** die Kronen   Könige trugen bei festlichen Anlässen eine Krone.

- die **Kröte,** die Kröten ⇨ 61
  krumm

ACHTUNG! Krötenwanderung

ku   kü

- die **Küche,** die Küchen ⇨ 97, 101   das Küchenmesser, die Küchenschere, die Küchenmaschine, die Einbauküche, die Hotelküche, …

- der **Kuchen,** die Kuchen ⇨ 125
- der **Kuckuck,** die Kuckucke ⇨ 61   Der Kuckuck legt seine Eier in fremde Nester.

- die **Kugel,** die Kugeln   der Kugelschreiber, das Kugellager, die Eisenkugel, die Erdkugel, …

- die **Kuh,** die Kühe ⇨ 69
  kühl
- der **Kühlschrank,** die Kühlschränke ⇨ 101   Im Kühlschrank bleiben viele Lebensmittel länger frisch.

- die **Kunst,** die Künste   Trenne so: Kün-ste
  die Kunstausstellung, der Kunststoff, der Kunstdünger, der Eiskunstlauf, …

- der **Künstler,** die Künstler ⇨ 149
- die **Künstlerin,** die Künstlerinnen
- die **Kurve,** die Kurven ⇨ 165
  kurz, kürzer, am kürzesten ⇨ 189
- der **Kuß,** die Küsse   Manchmal bekomme ich einen Gutenachtkuß.
  küssen, du küßt

L

l   Abkürzung für *Liter*

la   lä

lächeln, du lächelst
lachen, du lachst   Wer zuletzt lacht, lacht am besten.

103

L   Lachen   lebendig

das **Lachen**   Hoffentlich vergeht dir das Lachen nicht.
laden, du lädst, sie lud,   auf|laden, ab|laden, ein|laden, …
er hat geladen

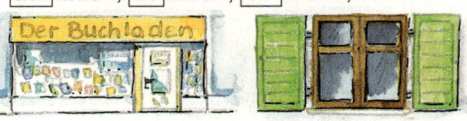

🆃 der **Laden,** die Läden ➪ 186, 190
das **Lager,** die Lager   das Lagerfeuer, das Zeltlager, …
lahm
der **Laib,** die Laibe   Einen Laib Brot, bitte!
die **Lampe,** die Lampen ➪ 97, 169   der Lampenschirm, die Taschenlampe,
die Schreibtischlampe, …

🆃 das **Land,** die Länder   Die Bundesrepublik Deutschland besteht aus mehreren Ländern. In welchem Land wohnst du?

die **Landkarte,** die Landkarten ➪ 153
die **Landwirtschaft** ➪ 69
lang, länger, am längsten ➪ 189   Am 21. Juni ist der längste Tag und die kürzeste Nacht. Wann ist die längste Nacht?

langsam
langweilig ➪ 129, 141   Wenn es langweilig ist, vergeht die Zeit ganz langsam.

der **Lappen,** die Lappen ➪ 109   der Putzlappen, der Spüllappen, der Staublappen, …

der **Lärm**
lassen, du läßt, er ließ,   Laß mich gehen!
sie hat gelassen
die **Last,** die Lasten   Trenne so: La-sten
Ein Lastwagen kann schwere Lasten fahren.

die **Laterne,** die Laternen ➪ 165   Am Martinstag sind in vielen Orten Laternenumzüge.

das **Laub** (nur Einzahl) ➪ 65   Im Herbst werfen die meisten Laubbäume ihre Blätter ab.

🆃 der **Lauf,** die Läufe ➪ 137   Der Jäger nennt die Hinterbeine des Hasen *Läufe*.

laufen, du läufst, sie lief,
sie ist gelaufen
laut
der **Laut,** die Laute ➪ 157
läuten, du läutest, es läutet   Zu Silvester läuten alle Glocken.

le

leben, du lebst
das **Leben**   Das Leben ist schön!
lebendig

Bei Tisch

der **Becher**	**hungrig**	der **Salat**
das **Besteck**	**kalt**	**satt**
decken	die **Kartoffel**	**schmackhaft**
durstig	der **Kloß**	**schmecken**
essen	der **Knödel**	die **Serviette**
das **Essen**	**lecker**	die **Soße**
der **Fisch**	der **Löffel**	die **Spaghetti**
die **Flasche**	das **Messer**	**speisen**
das **Fleisch**	die **Pizza**	die **Suppe**
die **Gabel**	die **Pommes frites**	die **Tasse**
das **Gemüse**	der **Pudding**	der **Teller**
das **Glas**	der **Quark**	das **Tischtuch**
heiß	der **Saft**	die **Wurst**

Leber — Lexikon

die **Leber,** die Lebern ➪ 81

lecken, du leckst

lecker ➪ 105
lediglich
leer ➪ 189

legen, du legst

die **Lehre,** die Lehren ➪ 190

der **Lehrer,** die Lehrer ➪ 153
die **Lehrerin,** die Lehrerinnen ➪ 153
der **Leib,** die Leiber

leicht ➪ 189

leiden, du leidest, er litt,
sie hat gelitten

das **Leiden,** die Leiden ➪ 85
leider
leihen, du leihst, sie lieh,
er hat geliehen
die **Leine,** die Leinen

leise
leisten, du leistest

leiten, du leitest

🛈 die **Leiter,** die Leitern ➪ 109
lernen, du lernst ➪ 153
das **Lernen,** beim Lernen
lesen, du liest, sie las,
er hat gelesen ➪ 145, 153
der **Leser,** die Leser
letzte, letzter
leuchten, du leuchtest
die **Leute** (nur Mehrzahl)

das **Lexikon,** die Lexika (auch:
die Lexiken) ➪ 145

der Lebertran, die Leberwurst,
die Schweineleber, die Gänseleber, ...
Trenne so: lek-ken
Willst du von meinem Eis lecken? Es
schmeckt wirklich lecker.
Trenne so: lek-ker
Fast alle waren da, lediglich Bernd fehlte.
Briefkästen mit einem roten Punkt werden
auch sonntags geleert.
Die Henne gackert. Sie hat eben ein Ei
gelegt.
Wer einen Beruf erlernt, geht in die Lehre.
Deshalb wurde er früher auch *Lehrling*
genannt.

Sie arbeitet eifrig mit. Sie ist mit Leib und
Seele dabei.
Das Paket ist aber leicht.
Die Aufgabe war nicht schwierig, sie war
viel zu leicht.
Ich kann ihn gut leiden.
In einem kalten Winter leiden die Tiere
manchmal Not.

Sie hat sich in der Bücherei ein Buch
geliehen.
die Hundeleine, die Wäscheleine, ...

Trenne so: lei-sten
Du hast diese Woche viel geleistet.
Der Polizist leitet den Verkehr an der
Baustelle vorbei.

Ruhe ist beim Lernen ganz wichtig.
Im Lesebuch stehen meist nur kurze
Geschichten.

In klaren Nächten leuchten die Sterne hell.
Sie hat sieben Häute und beißt alle Leute.
Was ist das?
das Tierlexikon, das Pflanzenlexikon,
das Jugendlexikon, ...

Licht   locker   L

li

das **Licht,** die Lichter ⇨ 169   die Lichthupe, das Lichtbild,
die Lichterkette, das Lichtermeer,
das Blitzlicht, das Neonlicht,
das Halogenlicht, ...

lieb
die **Liebe**
lieben, du liebst   Dieses Buch liebe ich sehr. Es ist mein Lieblingsbuch.
das **Lied,** die Lieder ⇨ 149   das Liederbuch, das Liederheft,
das Wanderlied, das Geburtstagslied, ...
liefern, du lieferst   Bitte, liefere die Arbeit pünktlich ab.
liegen, du liegst, er lag,   Ich habe im Liegestuhl gelegen.
sie hat gelegen
der **Lift,** die Lifte (auch: die Lifts)
lila   Für *lila* kann man auch *violett* sagen.
die **Limonade,** die Limonaden ⇨ 101   die Limonadenflasche, die Orangenlimonade, ...

das **Lineal,** die Lineale ⇨ 153
🅣 die **Linie,** die Linien   Mit einem spitzen Bleistift kannst du feine Linien ziehen. Unter ein unliniertes Blatt kann man ein Linienblatt legen.

links   An manchen Kreuzungen darf man nicht links abbiegen.
In vielen Klassen gibt es Linkshänder.

die **Lippe,** die Lippen
listig   Trenne so: li-stig
In Fabeln wird oft vom listigen Fuchs erzählt.

das **Liter,** die Liter (auch: der Liter) ⇨ 189

lk

der **Lkw,** die Lkw (auch: die Lkws) ⇨ 165   Abkürzung für *Lastkraftwagen*

lo   lö

loben, du lobst
das **Loch,** die Löcher   die Lochzange, der Lochstreifen,
der Locher, das Schlagloch,
das Mauseloch, ...
die **Locke,** die Locken   Trenne so: Lok-ke
locker   Trenne so: lok-ker

L

Löffel   **ma**gnetisch

🅣 der **Löffel,** die Löffel ➪ 105   Der Jäger nennt die Ohren des Hasen *Löffel.*

der **Lohn,** die Löhne ➪ 190
die **Lokomotive,** die Lokomotiven ➪ 173   Kurzform: *Lok*
los   Da ist etwas los. Ein loses Blatt fiel aus dem Buch.

boxed:**los**   Mit diesem Wort kannst du viele zusammengesetzte Wörter bilden: |los|fahren, |los|gehen, |los|lassen, heimat|los|, ...

das **Los,** die Lose   Sie nimmt fünf Lose. Es sind zwei Treffer und drei Nieten.

löschen, du löschst
lösen, du löst   Manche Aufgaben sind leicht zu lösen.
die **Lösung,** die Lösungen   Die Lösung ist ganz einfach.
der **Löwe,** die Löwen ➪ 73   Die Löwin spielt mit ihren Jungen.

lu   lü

die **Lücke,** die Lücken   Trenne so: Lük-ke
die **Luft**   Weißt du, wie man in einen Luftballon eine Nadel stecken kann, ohne daß er platzt? Ein Klebestreifen hilft dir dabei.

die **Lüge,** die Lügen   Lügen haben kurze Beine.
lügen, du lügst, er log, sie hat gelogen   Wer hat noch nie gelogen?

die **Lust**   Ich habe keine Lust mehr.
lustig ➪ 125, 129   Trenne so: lu-stig
    Ich mag am liebsten lustige Geschichten.
lutschen, du lutschst   der Dauerlutscher, der Daumenlutscher, das Lutschbonbon, ...

M

ma   mä

machen, du machst   Machst du mit?
die **Macht**   Könige hatten oft große Macht. Sie waren
mächtig   mächtige Herrscher.
das **Mädchen,** die Mädchen
der **Magen,** die Mägen ➪ 81   Eine Kuh hat drei Mägen.

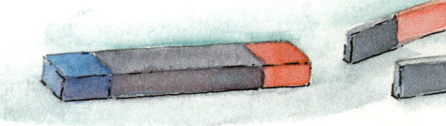

der **Magnet,** die Magnete
magnetisch

108

Arbeiten im Haus

das **Beil**	**kehren**	die **Schere**
der **Besen**	**kleben**	**schmutzig**
bohren	der **Lappen**	**schneiden**
die **Bohrmaschine**	der **Leim**	die **Schraube**
die **Bürste**	die **Leiter**	**schrauben**
der **Eimer**	**messen**	der **Schraubenzieher**
die **Farbe**	der **Nagel**	der **Schrubber**
fegen	der **Pinsel**	**staubig**
die **Feile**	**polieren**	der **Staubsauger**
feilen	**putzen**	**wischen**
der **Hammer**	die **Säge**	der **Wischmop**
hämmern	**sägen**	die **Zange**
das **Kehrblech**	**sauber**	der **Zollstock**

M | mähen — Maul

mähen, du mähst ⇨ 53

Früher mähten die Bauern das Getreide mit der Sense.
Mühlen mahlen Mehl.

mahlen, du mahlst
die **Mahlzeit,** die Mahlzeiten
mahnen, du mahnst
der **Mai,** im Mai ⇨ 188

Wie oft soll ich dich noch mahnen?
der Maibaum, das Maiglöckchen,
der Maikäfer, ...

der **Mais** ⇨ 53
mal
mal

Acht mal zwei ist gleich sechzehn.
Mit diesem Wortbaustein kannst du viele Wörter bilden: ein mal , jedes mal , manch mal , wieviel mal , mal nehmen, ...

das **Mal,** die Male
malen, du malst ⇨ 149
der **Maler,** die Maler ⇨ 149
die **Mama,** die Mamas (auch: die Mami, die Mamis) ⇨ 93
man
manche, mancher, manches
manchmal

Im Zoo war ich schon einige Male.
Der Maler malt ein Bild.

Manchmal freue ich mich auf den Unterricht.

der **Mann,** die Männer
der **Mantel,** die Mäntel ⇨ 117, 169

die **Mappe,** die Mappen
das **Märchen,** die Märchen ⇨ 145
die **Margarine** ⇨ 101
der **Marienkäfer,** die Marienkäfer

Welche Märchen kennst du?

Die Punkte auf den Flügeln des Marienkäfers geben nicht sein Alter an.
Der Eintritt kostet 5 Mark.

die **Mark**
die **Marke,** die Marken
der **Markt,** die Märkte ⇨ 77, 165

die Marktfrau, der Marktstand,
der Wochenmarkt, der Flohmarkt, ...

die **Marmelade,** die Marmeladen ⇨ 101
marschieren, du marschierst
der **März,** im März ⇨ 188
die **Maschine,** die Maschinen ⇨ 173

Wir marschieren im Gänsemarsch.
Im März blühen viele Frühlingsblumen.
die Schreibmaschine, die Nähmaschine,
die Maschinenhalle, der Maschinenschlosser, ...
der Maßbecher, das Metermaß, ...

das **Maß,** die Maße ⇨ 189
die **Masse,** die Massen
die **Mathematik**
matschig

Nach dem Regen war der Weg sehr matschig.
Auf der Mauer, auf der Lauer, sitzt 'ne kleine Wanze.
Wer hat ein Maul, wer eine Schnauze, einen Schnabel oder einen Mund?

die **Mauer,** die Mauern

das **Maul,** die Mäuler ⇨ 61

110

Maulwurf   Metzgerei   **M**

der **Maulwurf,** die Maulwürfe

die **Maus,** die Mäuse ⇨ 61

Früher hieß der Maulwurf *Mulwurf.* Das bedeutet: *Erdwerfer.*
Wußtest du schon, daß Mäuse alle sechs Wochen Junge bekommen können?

me

die **Medizin** ⇨ 85
das **Meer,** die Meere
das **Meerschweinchen,** die Meerschweinchen
das **Mehl** ⇨ 101
mehr, mehrere
mein, meinem, meinen
meinen, du meinst
die **Meinung,** die Meinungen

die **Meise,** die Meisen ⇨ 61

meist, am meisten

meistens
der **Meister,** die Meister ⇨ 190

Es gibt sieben Weltmeere.
Der Name täuscht. Das Meerschweinchen lebt nicht im Meer und ist kein Schwein.

Mutti meint, wir sollten spazierengehen. Papa ist anderer Meinung. Meine Meinung spielt mal wieder keine Rolle.
Kohlmeise, Blaumeise, Tannenmeise — Ameise?
Er kam meist pünktlich.
Du hast die meisten Aufgaben gelöst.
Trenne so: mei-stens
Trenne so: Mei-ster
Es ist noch kein Meister vom Himmel gefallen.

sich **melden,** du meldest dich ⇨ 153
die **Melodie,** die Melodien ⇨ 149

Die Melodie kann ich schon.
Den Text muß ich noch lernen.

die **Melone,** die Melonen ⇨ 77

die **Menge,** die Mengen
der **Mensch,** die Menschen ⇨ 81
merken, du merkst, er hat gemerkt, sich etwas merken
merkwürdig
messen, du mißt, er maß, sie hat gemessen ⇨ 109, 189
das **Messer,** die Messer ⇨ 105
das **Metall,** die Metalle

der **Meter,** die Meter ⇨ 189
der **Metzger,** die Metzger
die **Metzgerei,** die Metzgereien

Honigmelonen sind süßer als Wassermelonen.

Was hat *merkwürdig* mit *merken* zu tun?

Gold, Silber, Eisen, Blei und Kupfer sind Metalle.

In manchen Gegenden heißt der *Metzger* auch *Schlachter* oder *Fleischer* und die *Metzgerei Schlachterei* oder *Fleischerei.*

M mich   Mitternacht

mi

mich
die **Miete,** die Mieten ⇨ 97   Wir mieten eine Wohnung. Wir zahlen
                                  dafür Miete.

das **Mikrofon,** die Mikrofone ⇨ 141, 149
die **Milch**
die **Milliarde,** die Milliarden   Abkürzung: *Mrd.*
der **Millimeter,** die Millimeter ⇨ 189   Abkürzung: *mm*
die **Million,** die Millionen   Abkürzung: *Mio.*
mindestens   Trenne so: min-de-stens
                 Wir brauchen mindestens drei Mitspieler.
minus   Für *minus* kann man auch *weniger* sagen:
            7 − 3 = 4
            Wir haben heute 10 Grad minus.
die **Minute,** die Minuten ⇨ 188   Eine Stunde hat 60 Minuten.
mir
mischen, du mischst ⇨ 129
der **Mist** ⇨ 69   Das ist alles Mist!
mit   Das Wort *mit* begegnet dir oft: mit meiner
          Mutter, mit Absicht, …

mit   Mit
                  mit findest du oft auch als
                  Wortbaustein: mit bringen, mit einander,
                  mit fahren, der Mit fahrer, mit gehen,
                  mit kommen, mit machen, mit nehmen, …
der **Mitlaut,** die Mitlaute ⇨ 157   Mitlaute sind: *b, c, d, …*
das **Mitleid**
der **Mittag,** am Mittag,   Du kannst über Mittag zu uns kommen. Ich
     das Mittagessen ⇨ 188   lade dich zum Mittagessen ein. Mein Vater
                              kommt mittags auch nach Hause.
mittags   Diese Zeitangaben werden klein
              geschrieben: *vormittags, mittags,*
              nachmittags.
die **Mitte**

mitteilen, du teilst etwas mit
das **Mittel,** die Mittel   das Spülmittel, das Waschmittel,
                              das Arzneimittel, der Mittelpunkt,
                              das Mittelmeer, der Mittelstreifen, …
mitten   Der Marktplatz liegt mitten in der Stadt.
die **Mitternacht** ⇨ 188   *Mitternacht* bedeutet: mitten in der Nacht.
                             Und was bedeutet *Mittag*?

Im Garten

die **Aster**	die **Gießkanne**	die **Rose**
das **Beet**	grasgrün	säen
blühen	die **Hacke**	die **Schaufel**
die **Blume**	die **Harke**	das **Schneeglöckchen**
duften	keimen	schneeweiß
der **Dünger**	der **Kompost**	der **Spaten**
der **Flieder**	der **Krokus**	sprießen
das **Gänseblümchen**	die **Narzisse**	das **Stiefmütterchen**
die **Gartenschere**	pflanzen	die **Tulpe**
der **Gartenschlauch**	pflücken	das **Veilchen**
der **Gärtner**	der **Rasen**	veilchenblau
die **Gärtnerei**	der **Rasenmäher**	wachsen
gießen	der **Rechen**	der **Zaun**

M Mittwoch — Motorrad

der **Mittwoch,** am Mittwoch ➪ 188 — Der Tag in der Mitte der Woche heißt Mittwoch.

mittwochs — Wir haben mittwochs Musikunterricht.
Diese Zeitangabe wird klein geschrieben.

mixen, du mixst, sie hat gemixt — der Mixer, der Mixbecher, …

mo **mö**

das **Möbel,** die Möbel ➪ 97
er **mochte** (von: mögen)
er **möchte** (von: mögen)
die **Mode,** die Moden ➪ 117 — Mode ist alles, was gerade modern ist.
modern
mögen, du magst, du möchtest, ich mochte, sie hat gemocht — Ich mag Eis. Ich möchte mehr Eis.
möglich, möglichst
die **Möglichkeit,** die Möglichkeiten
der **Moment,** die Momente — Warte einen Moment!
der **Monat,** die Monate ➪ 188 — Das Jahr hat zwölf Monate.
der **Mond,** die Monde ➪ 41 — Manche Planeten haben mehrere Monde.
das **Monster,** die Monster — Trenne so: Mon-ster
Ein *Ungetüm* oder *Ungeheuer* nennt man auch *Monster*.

der **Montag,** am Montag ➪ 188 — Montag kommt von *Mondtag*, Tag des Mondes.

montags — Diese Zeitangaben werden klein geschrieben: *freitags, sonntags,* …

das **Moor,** die Moore ➪ 49 — Im Moor gibt es seltene Pflanzen und Tiere. Der Boden ist moorig oder sumpfig.

das **Moos,** die Moose ➪ 57 — Hast du dir Moos schon einmal genau angesehen?

das **Moped,** die Mopeds ➪ 165
der **Morgen,** eines Morgens ➪ 188 — Am Morgen klingelt der Wecker.
morgen ➪ 188 — Ich komme nicht heute, sondern morgen.
morgens — Diese Zeitangaben werden klein geschrieben: *morgens, abends,* …

die **Moschee,** die Moscheen ➪ 161 — Kirchen für Moslems heißen *Moscheen*.

der **Motor,** die Motoren ➪ 173
das **Motorrad,** die Motorräder ➪ 165

Mücke   nachher   **N**

mu **mü**

die **Mücke,** die Mücken

müde
die **Mühe,** die Mühen
die **Mühle,** die Mühlen ⇨ 49

der **Müll**
der **Mülleimer,** die Mülleimer ⇨ 101

Trenne so: Mük-ke
Wußtest du, daß nur Mückenweibchen stechen?

Mit Mühe und Not erreichte er das Ziel.
die Windmühle, die Wassermühle,
die Kaffeemühle, …
Die Kaffeemühle mahlt Kaffee. Mahlt die Windmühle Wind?
Wir können einen Teil des Mülls wieder verwerten, wenn wir den Abfall trennen.

die **Multiplikation**
der **Mund,** die Münder ⇨ 81

die **Musik** ⇨ 149
müssen, du mußt, er mußte

der **Mut**
mutig
die **Mutter,** die Mütter ⇨ 93

die **Mutter,** die Muttern
die **Mütze,** die Mützen ⇨ 117

3·4=12 ist eine Multiplikationsaufgabe.
Bei welchen Buchstaben machst du den Mund am weitesten auf?
Mit Musik geht alles besser.
Er muß besser aufpassen. Dann müßte er auch nicht so oft nachfragen.
Übermut tut selten gut.

Die Mutter meiner Mutter ist meine Großmutter.

die Zipfelmütze, die Schlafmütze,
die Pudelmütze, …

N

na **nä**

nach

nach

der **Nachbar,** die Nachbarn
nachdem

nach Hause
nachher

Das Wort *nach* begegnet dir häufig:
Wir fahren nach Ostern nach Köln.
nach findest du oft auch als Wortbaustein:
nach denken, nach einander, nach laufen,
nach machen, …
Ich gehe gern zu unseren Nachbarn.
Ich habe über unseren Streit nachgedacht, nachdem du fort warst.

Ihr könnt nachher noch spielen. Erst müßt ihr üben.

N Nachmittag   nein

der **Nachmittag,** die Nachmittage,
am Nachmittag ⇨ 188
nachmittags

die **Nachricht,** die Nachrichten ⇨ 141
nächste, nächster

am **nächsten**
die **Nacht,** die Nächte ⇨ 188
nachts

nackt
die **Nadel,** die Nadeln ⇨ 65

der **Nagel,** die Nägel ⇨ 109

nah (auch: nahe), näher,
am nächsten
die **Nähe**
nähen, du nähst
die **Nahrung**

der **Name,** die Namen

nämlich

die **Nase,** die Nasen ⇨ 81
naß, nasse

die **Natur** ⇨ 49

natürlich

ne

der **Nebel,** die Nebel ⇨ 45
neben
nehmen, du nimmst, er nahm,
sie hat genommen
nein

Die Bücherei hat nur am Nachmittag geöffnet.
Diese Zeitangaben werden klein geschrieben: *vormittags, mittags, nachmittags.*

Trenne so: näch-ste, näch-sten
Der nächste Patient, bitte!
Wir treffen uns am nächsten Freitag.

Diese Zeitangaben werden klein geschrieben: *nachts, morgens, ...*

die Nadelspitze, das Nadelkissen,
die Stricknadel, die Kompaßnadel, ...

Viele Kinder auf der Welt sind unterernährt. Sie bekommen nicht genug Nahrung.
das Namenwort, der Namenstag,
der Vorname, der Nachname,
der Spitzname, ...
Wer nämlich mit *h* schreibt, weiß nicht, daß *nämlich* von *Name* kommt.

Er ist ganz naß geworden. Er hat sogar nasse Füße.

Schütze die Natur

Du hast natürlich wieder alles vergessen.

Bitte, setz dich neben mich!
Er nimmt sich viel Zeit.

Kommst du mit?

Nein! Ich habe keine Zeit.

Kleidung

der **Anorak**	die **Kapuze**	der **Schuh**
anziehen	**kariert**	die **Schürze**
ausziehen	das **Kleid**	die **Socke**
eng	der **Kragen**	**sportlich**
gestreift	der **Mantel**	der **Stiefel**
der **Gürtel**	**modisch**	der **Strumpf**
der **Handschuh**	die **Mütze**	das **T-Shirt**
das **Hemd**	das **Nachthemd**	**umziehen**
die **Hose**	der **Pulli**	das **Unterhemd**
der **Hosenträger**	der **Pullover**	die **Unterhose**
der **Hut**	der **Rock**	**weit**
die **Jacke**	der **Schal**	**zubinden**
die **Jeans**	der **Schlafanzug**	**zuknöpfen**

nennen · November

nennen, du nennst, er nannte, sie hat genannt
das **Nest,** die Nester

nett
das **Netz,** die Netze

neu
neugierig

neun, neunzehn, neunzig, neunhundert, neunmal

Sie nennt ihren Namen.

Trenne so: Ne-ster
Wo baut der Kuckuck sein Nest?

Wer gierig auf Neues ist, den nennt man neugierig.
Sie feiert ihren neunten Geburtstag.

ni

nicht
nichts
nie, niemals, niemand
nieder
niedlich
niemals
niemand

nirgends

nirgendwo

Es gibt nichts Gutes, außer man tut es.

Niedersachsen, Niederbayern, …

Sag niemals nie!
Peter war krank, und niemand hat ihn besucht.
Das letzte Osterei kann ich nirgends finden. Aber irgendwo muß es doch sein!

no   nö

noch
das **Nomen,** die Nomen ⇨ 157

der **Nominativ,** die Nominative ⇨ 157
der **Norden**
die **Norm,** die Normen
normal
die **Not,** die Nöte
die **Note,** die Noten

nötig
notwendig
der **November,** im November ⇨ 188

Mach es noch einmal!
Das *Nomen* heißt auch *Substantiv* oder *Namenwort*.
Der *Nominativ* ist der *1. Fall (Wer-Fall).*

Viele Menschen leiden Not.
Ich bekomme vielleicht eine gute Note.
Sie singt nach Noten.
Dem Gangster fielen viele Banknoten in die Hände.
Sie haben unsere Hilfe nötig.

# Null	Omnibus

nu **nü**

die **Null,** die Nullen	Nenne eine Zahl mit drei Nullen!
	Das Thermometer zeigt drei Grad unter Null.
null	Hast du null Fehler im Diktat?
die **Nummer,** die Nummern ⇨ 137
nun
nur
die **Nuß,** die Nüsse ⇨ 77	die Nußschale, der Nußknacker, die Haselnuß, die Walnuß, die Kokusnuß, ...

nützen (auch: nutzen), du nützt	Es hat alles nichts genützt.

O

ob	Ich weiß noch nicht, ob ich dich heute besuchen kann.
oben
die **Oberfläche,** die Oberflächen	Bei ruhigem Wetter ist die Oberfläche des Sees glatt wie ein Spiegel.

das **Objekt,** die Objekte ⇨ 157	Das *Objekt* ist ein Satzglied. Es heißt auch *Ergänzung*.

das **Obst** ⇨ 77, 186	Welche Obstsorten kennst du?
obwohl	Es ist recht warm, obwohl die Sonne nicht scheint.

oder
der **Ofen,** die Öfen	die Ofentür, die Ofenklappe, das Ofenrohr, der Kachelofen, der Eisenofen, der Hochofen, ...
	Und was ist ein „heißer Ofen"?

offen
öffnen, du öffnest	Bitte, öffne das Fenster!
oft	Ich bin hier schon oft gewesen.
öfter	Wir fahren öfter mit dem Bus als mit dem Auto in die Stadt.

ohne

oho	Oho!
das **Ohr,** die Ohren ⇨ 81
die **Ohrfeige,** die Ohrfeigen	Für *Ohrfeige* kann man auch *Backpfeife* sagen.
	Kann man Ohrfeigen essen?

der **Oktober,** im Oktober ⇨ 188
die **Oma,** die Omas ⇨ 93
der **Omnibus,** die Omnibusse ⇨ 165	*Omnibus* kommt aus der lateinischen Sprache und bedeutet: *für alle.* Meistens sagt man nur *Bus*.

O Onkel · parken

der **Onkel,** die Onkel ⇨ 93
der **Opa,** die Opas ⇨ 93
die **Operation,** die Operationen ⇨ 89

Von der Operation habe ich gar nichts gemerkt, aber nachher tat die Wunde weh.

orange

Ich habe ein orangefarbenes T-Shirt.

die **Orange,** die Orangen ⇨ 77

Orangen heißen auch *Apfelsinen.*

ordnen, du ordnest

Volker ordnet die Wörter nach dem Alphabet.

die **Ordnung**

Bring deine Schulsachen in Ordnung, bitte!

der **Orkan,** die Orkane ⇨ 45

Stürme ab Windstärke 12 nennt man Orkane.

der **Ort,** die Orte

Vom Aussichtsturm konnten wir mehrere Ortschaften sehen.

der **Osten**

Im Osten geht morgens die Sonne auf.

das **Ostern** ⇨ 161

Zu Ostern backt meine Mutter einen Osterzopf, und ich verziere ihn mit bunten Ostereiern.

der **Ozean,** die Ozeane

Die drei größten Weltmeere sind der *Atlantische,* der *Indische* und der *Stille Ozean.*

P

pa **pä**

paar
das **Paar,** die Paare

ein paar Socken   ein paar Schuhe
ein Paar Socken   ein Paar Schuhe   ein Paar

das **Päckchen,** die Päckchen ⇨ 187
packen, du packst

Trenne so: pak-ken
Hast du deinen Rucksack für die Wanderung schon gepackt?

das **Paket,** die Pakete ⇨ 187

Das Paket für Oma muß heute noch zur Post.

die **Panne,** die Pannen ⇨ 173

Bei einer Autopanne muß man das Blinklicht einschalten und das Warndreieck aufstellen.

der **Papa,** die Papas ⇨ 93
das **Papier,** die Papiere

die Papierschere, die Papiertüte, das Seidenpapier, das Geschenkpapier, …

der **Park,** die Parks

der Parkwächter, das Parkhaus, die Parkuhr, der Stadtpark, der Ferienpark, …

parken, du parkst

Am Meer

der **Badeanzug**	das **Hotel**	die **Sandburg**
die **Badehose**	der **Koffer**	**sandig**
baden	**kühl**	**schwimmen**
das **Badetuch**	der **Liegestuhl**	der **Seestern**
die **Brandung**	die **Luftmatratze**	sich **sonnen**
braun	die **Möwe**	der **Sonnenbrand**
buddeln	die **Muschel**	der **Strand**
das **Camping**	der **Paß**	**tauchen**
die **Düne**	**planschen**	die **Taucherbrille**
die **Ferien**	die **Qualle**	der **Urlaub**
die **Gaststätte**	die **Reise**	**wandern**
das **Gepäck**	der **Rucksack**	die **Welle**
heiß	**salzig**	das **Zelt**

P Paß   Pfingsten

🅣 der **Paß,** die Pässe ⇨ 49, 121   Für manche Auslandsreisen braucht man einen Reisepaß.
Über hohe Gebirge führen Paßstraßen.
Der Stürmer verlängert den Traumpaß ins Tor.

passen, du paßt   Der Schuh paßt wie angegossen.
Mir paßt es nicht, daß du unpünktlich bist.

passieren, es passiert   Gestern ist mir etwas Komisches passiert.
der **Pastor,** die Pastoren ⇨ 161   Trenne so: Pa-stor
Pastor kommt aus der lateinischen Sprache und bedeutet *Hirte.* Der Pastor ist so etwas wie der Hirte der Gemeinde.

die **Pastorin,** die Pastorinnen ⇨ 161   Trenne so: Pa-sto-rin
🅣 die **Pause,** die Pausen ⇨ 153

pe

das **Pech**   Es regnete Pech. Nun ist die Pechmarie pechschwarz und sieht aus wie ein Pechvogel.

peng
persönlich   Deinen Gewinn mußt du persönlich abholen.

pf

die **Pfanne,** die Pfannen ⇨ 101   der Pfannkuchen, der Pfannenstiel, die Bratpfanne, die Grillpfanne, die Dachpfanne, ...
In welcher Pfanne kann man nicht braten?

der **Pfarrer,** die Pfarrer ⇨ 161   Der *Pastor* wird manchmal auch *Pfarrer* genannt.

die **Pfarrerin,** die Pfarrerinnen ⇨ 161
der **Pfeffer** ⇨ 101   Es gibt grünen, roten und schwarzen Pfeffer.

🅣 die **Pfeife,** die Pfeifen
pfeifen, du pfeifst, sie pfiff, er hat gepfiffen   Der Rattenfänger zog pfeifend durch die Straßen.
der **Pfennig,** die Pfennige
das **Pferd,** die Pferde ⇨ 69   Das Urpferd war nur so groß wie ein Rehkitz. Heute gibt es Zwergpferde, aber auch Pferde, die bis zu zwei Meter groß sind.

das **Pfingsten** ⇨ 161   Trenne so: Pfing-sten
Pfingsten ist immer fünfzig Tage nach Ostern.

Pfirsich   Platz   P

der **Pfirsich,** die Pfirsiche ➪ 77
die **Pflanze,** die Pflanzen ➪ 65, 113
   pflanzen, du pflanzt ➪ 113
🅣 das **Pflaster,** die Pflaster ➪ 85, 165
   pflegen, du pflegst ➪ 89
die **Pflicht,** die Pflichten

   pflücken, du pflückst ➪ 113
der **Pflug,** die Pflüge ➪ 69
   pflügen, du pflügst ➪ 53, 69

Die Haut des Pfirsichs ist weich wie Samt.

Trenne so: Pfla-ster
Der Krankenpfleger pflegt die Kranken.
Bei uns zu Hause hat jeder kleine Pflichten.
Trenne so: pflük-ken

die **Pfote,** die Pfoten ➪ 61

pfui
das **Pfund,** die Pfunde ➪ 189

die **Pfütze,** die Pfützen

Katzen haben weiche Pfoten, aber scharfe Krallen.

Ein Pfund ist soviel wie 500 Gramm oder ein halbes Kilogramm.

pi

   piepen, du piepst
der **Pilz,** die Pilze ➪ 57, 65

der **Pinsel,** die Pinsel ➪ 109, 149

die **Pistole,** die Pistolen

die **Pizza,** die Pizzas (auch: die Pizzen) ➪ 105

Bei dir piept es wohl!
Wer Pilze sammelt, muß sie genau kennen, weil manche giftig sind.
der Pinselstrich, der Pinselstiel,
der Borstenpinsel, der Haarpinsel, ...
Trenne so: Pi-sto-le
Leg sofort die Wasserpistole weg!

pl

der **Planet,** die Planeten ➪ 41
das **Plastik**

die **Plastik,** die Plastiken

Trenne so: Pla-stik
Plastik ist ein Kunststoff.
Trenne so: Pla-stik
Vorm Bahnhof steht eine Plastik aus Stein, ein Denkmal für einen Dichter.

   platt
🅣 die **Platte,** die Platten

der **Platz,** die Plätze

der Plattenweg, die Plattenhülle,
die Schallplatte, die Kochplatte, ...
Bitte, nehmt Platz!

123

P

Plätzchen — Problem

das **Plätzchen,** die Plätzchen
platzen, du platzt
plötzlich
der **Plural,** die Plurale ⇨ 157

plus

Der Luftballon ist geplatzt.

Für *Plural* kann man auch *Mehrzahl* sagen.
Für *plus* kann man auch *und* sagen:
3 + 3 = 6
Wir haben heute 28 Grad plus.

po

die **Polizei** ⇨ 165
der **Polizist,** die Polizisten ⇨ 165
die **Polizistin,** die Polizistinnen ⇨ 165
die **Pommes frites** ⇨ 105

das **Pony,** die Ponys ⇨ 69
der **Pony,** die Ponys
das **Portemonnaie,**
die Portemonnaies

die **Post** ⇨ 187

Trenne so: Po-li-zi-sten
Trenne so: Po-li-zi-stin
Der Name *Pommes frites* kommt aus der französischen Sprache. Es sind in Fett gebackene Kartoffelstäbchen.

Trenne so: Porte-monnaie
Portemonnaie kommt aus der französischen Sprache und bedeutet: *trage Geld.*
die Postkarte, der Postbote,
die Postkutsche, die Flaschenpost,
die Bahnpost, ...

pr

das **Prädikat,** die Prädikate ⇨ 157
praktisch
die **Praxis,** die Praxen

predigen, du predigst
die **Predigt,** die Predigten ⇨ 161
der **Preis,** die Preise ⇨ 137, 186

prima
der **Prinz,** die Prinzen ⇨ 145
die **Prinzessin,** die Prinzessinnen ⇨ 145
pro
probieren, du probierst ⇨ 101

das **Problem,** die Probleme

Das *Prädikat* heißt auch *Satzaussage.*

Unser Hausarzt hat seine Praxis für 14 Tage geschlossen.

Beim Preisausschreiben ist ein Fahrrad der erste Preis.
Sie erhalten prima Ware zum Sonderpreis.

Diese Bälle kosten pro Stück fünf Mark.
Hast du schon mal einen Kopfsprung probiert?
Wenn Oma backt, darf ich den Teig probieren.

Kindergeburtstag

auspacken	das Geschenk	schenken
die Cola	die Girlande	schminken
einladen	gratulieren	schmücken
das Eis	der Kakao	die Schokolade
der Fasching	der Karneval	das Spiel
die Feier	das Kostüm	tanzen
feiern	der Kuchen	toben
das Fest	der Luftballon	die Überraschung
sich freuen	lustig	verkleiden
fröhlich	mitbringen	sich wünschen
der Geburtstag	der Saft	das Würstchen

Programm   Quiz

das **Programm,** die Programme ⇨ 141

das **Pronomen,** die Pronomen ⇨ 157
die **Prüfung,** die Prüfungen

das Programmheft, die Programmvorschau, das Fernsehprogramm, das Computerprogramm, …
Das *Pronomen* heißt auch *Fürwort*.

pu

der **Pudding,** die Puddinge (auch: die Puddings) ⇨ 105
der **Pulli,** die Pullis ⇨ 117
der **Pullover,** die Pullover ⇨ 117

der **Punkt,** die Punkte ⇨ 137, 157

die **Puppe,** die Puppen ⇨ 129

der **Puppenwagen,** die Puppenwagen ⇨ 129
purzeln, du purzelst
pusten, du pustest

Pulli ist die Kurzform von *Pullover*. *Pullover* kommt aus der englischen Sprache und bedeutet: *zieh über*.
Am Ende eines Aussagesatzes steht ein Punkt.
die Puppenstube, das Puppenkleid, die Babypuppe, die Schaufensterpuppe, …

Vor Freude schlug er einen Purzelbaum.
Trenne so: pu-sten

putzen, du putzt ⇨ 109, 169

Qu

das **Quadrat,** die Quadrate
quaken, du quakst

die **Qual,** die Qualen
quälen, du quälst
die **Qualle,** die Quallen

Ein Quadrat hat vier gleich lange Seiten.
Mit ihren Schallblasen an der Kehle können Frösche laut quaken.

Niemand darf Tiere quälen.

der **Quark** ⇨ 105

der **Quatsch**
die **Quelle,** die Quellen
quer

das **Quiz,** die Quiz

die Quarkspeise, die Quarktorte, der Sahnequark, der Magerquark, …
Das ist alles Quatsch!
Erdöl quillt aus dem Boden.
Nach dem Spiel liefen die Fans kreuz und quer über den Rasen.
Das Wort kommt aus der englischen Sprache und bedeutet *Ratespiel*.

Rabe — rauskommen

R

ra **rä**

der **Rabe,** die Raben
🅣 das **Rad,** die Räder ➪ 169

    radfahren, du fährst Rad ➪ 169
    radieren, du radierst ➪ 153
das **Radio,** die Radios ➪ 97, 141, 191

der **Rahmen,** die Rahmen
die **Rakete,** die Raketen ➪ 41, 191
der **Rand,** die Ränder

der **Ranzen,** die Ranzen ➪ 153
    rasch
der **Rasen** ➪ 113
    rasen, du rast ➪ 169
    raten, du rätst, er riet,
    sie hat geraten
    rauben, du raubst

der **Räuber,** die Räuber ➪ 145

der **Rauch**

    rauchen, du rauchst

    raufgehen, du gehst rauf
    rauh
der **Raum,** die Räume

    räumen, du räumst

🅣 die **Raupe,** die Raupen ➪ 61

    raus
    rauschen, es rauscht

    rauskommen, du kommst raus

Raben haben kohlpechrabenschwarze Federn.
der Radsport, der Radfahrer, das Lenkrad, das Zahnrad, …
Gestern bin ich radgefahren.
Leih mir bitte dein Radiergummi!
Früher waren Radios große Kästen. Heute gibt es auch Mini-Radios.
der Bilderrahmen, der Fensterrahmen, …
Er zischte ab wie eine Silvesterrakete.
Vor Begeisterung waren die Kinder außer Rand und Band.

Für *rasch* kannst du auch *schnell* sagen.
Wer hilft mir beim Rasenmähen?
Der Zug raste an uns vorüber.
Ich rate dir, nach Hause zu gehen.
Ich weiß die Lösung nicht, ich muß raten.
Früher wurden Greifvögel *Raubvögel* genannt. Warum wohl?
Die Bremer Stadtmusikanten vertrieben die Räuber aus ihrer Hütte.
Bei Windstille steigt der Rauch gerade nach oben.

Ihr könnt schon raufgehen!
Es gibt glattes und rauhes Papier.
die Raumfahrt, die Raumpflegerin, der Weltraum, der Klassenraum, …
Im Winter müssen wir den Schnee wegräumen.

Komm raus, wenn du dich traust!
Wellen rauschen, Wasser rauscht, Wind rauscht in den Bäumen.

rechnen — reiten

re

    rechnen, du rechnest ⇨ 153   Er rechnet die Aufgaben aus.
         Du kannst mit mir rechnen.
das **Recht,** die Rechte   Jeder hat das Recht, angehört zu werden.
    recht   Jetzt erst recht!
         Das geschieht ihm recht!
         Du hast recht.
    rechts

ا ب ت ث ج ح خ د ذ ر ز س ش ص
ض ط ظ ع غ ف ق ك ل م ن ه و ى

         Arabisch wird von rechts nach links geschrieben.
die **Rechtschreibung** ⇨ 157   Wer richtig schreiben kann, beherrscht die Rechtschreibung.

der **Recorder,** die Recorder ⇨ 141
    reden, du redest ⇨ 153
die **Regel,** die Regeln   Halte dich an die Spielregeln!
der **Regen** ⇨ 45   Bei Sonnenregen kann man oft einen Regenbogen sehen.

    regnen, es regnet ⇨ 45
das **Reh,** die Rehe ⇨ 61   Zur Rehfamilie gehören der Rehbock, die Ricke und das Kitz.
    reich   arm und reich
    reichen, du reichst   Bitte, reich mir das Brot!
         Wird es für alle reichen?
    reif ⇨ 53   Von unreifem Obst kannst du Bauchschmerzen bekommen.
die **Reihe,** die Reihen   Stellt euch in einer Reihe auf!
         Jetzt ist Ute an der Reihe.
der **Reim,** die Reime   Reimwörter sind:
         Haus — Maus, …
         fein — klein, …
    rein   reine Wolle, reine Seide, reine Wäsche
    reinfallen, du fällst rein   Paß auf, daß du nicht reinfällst.
    reingehen, du gehst rein   Ihr könnt schon reingehen!
    reinkommen, du kommst rein   Du kannst reinkommen.
der **Reis**   Reis ist eine Getreideart, die nur auf sehr feuchten Böden wächst.
die **Reise,** die Reisen ⇨ 121   das Reisebüro, der Reisepaß, die Flugreise, die Ferienreise, …
    reisen, du reist
    reißen, du reißt, er riß, sie hat gerissen   Der Hund zerriß die Kette.
         Das Tau ist gerissen.
         Er sprang in den reißenden Fluß.
der **Reißverschluß,** die Reißverschlüsse
    reiten, du reitest, er ritt, sie ist geritten   Die Ritter reiten um die Wette.

Spiele drinnen

	aufräumen		langweilig	die	Spielfigur
der	Baustein		lustig	die	Spielregel
der	Computer		mischen	die	Spielzeugkiste
die	Eisenbahn		mitspielen	der	Teddybär
	gewinnen	die	Puppe		verkleiden
das	Hobby	das	Puppenhaus		verlieren
	interessant	der	Puppenwagen	der	Würfel
	kaputt		spannend		würfeln
der	Kasper	das	Spiel		zanken
das	Kaspertheater		spielen		zaubern

R

Reklame — Rollschuh

die **Reklame** ⇨ 186, 190
rennen, du rennst, er rannte, sie ist gerannt
der Rennfahrer, der Rennwagen, das Pferderennen, das Radrennen, ...
die **Reparatur,** die Reparaturen ⇨ 169, 173
Das Auto mußte repariert werden. Die Reparatur war sehr teuer.
der **Rest,** die Reste
10 : 3 = 3 Rest 1
Trenne so: Re-ste
retten, du rettest
Die Seeleute retteten sich in die Rettungsboote.
🅣 das **Rezept,** die Rezepte ⇨ 85
Der Arzt schreibt ein Rezept. Es gibt auch Kochrezepte und Backrezepte.

ri

richten, du richtest
Du kannst dich nicht immer nach den anderen richten.
der **Richter,** die Richter
Der Richter verkündet das Urteil.
richtig
Du hast alle Aufgaben richtig gelöst.
die **Richtung,** die Richtungen
In welche Richtung darf man hier nicht fahren?
riechen, du riechst, er roch, sie hat gerochen
der **Riese,** die Riesen ⇨ 145
Es gibt Riesenschildkröten und Zwergnashörner.
🅣 der **Ring,** die Ringe
die Ringstraße, der Ringfinger, der Trauring, der Boxring, ...
der **Riß,** die Risse
Bei Erdbeben entstehen Risse in der Erdkruste.

ro

der **Rock,** die Röcke ⇨ 117
Viele Mädchen tragen lieber Hosen als Röcke.
Trenne so: Rök-ke
roh
Ißt du lieber rohen oder gekochten Schinken? Oder magst du lieber Rohkostsalat?
das **Rohr,** die Rohre
🅣 die **Rolle,** die Rollen
Ich kann meine Rolle schon auswendig. Mit Garnrollen kann man gut basteln.
rollen, du rollst
der **Roller,** die Roller
der **Rollschuh,** die Rollschuhe

rosa　　　　　　　　　　　　　　　　rutschen　　R

rosa　　　　　　　　　　　Evi hat heute ein rosa Kleid an.
die **Rose,** die Rosen ⇨ 113　　der Rosenstock, der Rosenkohl,
　　　　　　　　　　　　　　die Heckenrose, die Windrose, ...
rosten, es rostet　　　　　Wer rastet, der rostet.
　　　　　　　　　　　　　　Trenne so: ro-sten
rot

ru　rü

der **Rücken,** die Rücken ⇨ 81　　die Rückenschmerzen, das Rücken-
　　　　　　　　　　　　　　schwimmen, der Buchrücken, der Hand-
　　　　　　　　　　　　　　rücken, ...
　　　　　　　　　　　　　　Trenne so: Rük-ken
rücken, du rückst　　　　Bitte, rück ein wenig zur Seite!
　　　　　　　　　　　　　　Trenne so: rük-ken
der **Rucksack,** die Rucksäcke ⇨ 121　Ein Rucksack ist nicht nur bei der
　　　　　　　　　　　　　　Wanderung praktisch.
die **Rücksicht**　　　　　　Nehmt Rücksicht auf die kleineren
　　　　　　　　　　　　　　Schüler.
der **Rückstrahler,** die Rückstrahler ⇨ 169
der **Rücktritt,** die Rücktritte ⇨ 169
rückwärts　　　　　　　Lies deinen Namen rückwärts!
rudern, du ruderst
rufen, du rufst, er rief, sie hat gerufen　Da ruft jemand um Hilfe!
die **Ruhe**
ruhig　　　　　　　　　Bleib ganz ruhig!
der **Ruhm**
rühren, du rührst　　　　Darf ich den Teig rühren?
　　　　　　　　　　　　　　Der Igel rührte sich nicht von der Stelle.
rund　　　　　　　　　Was ist alles rund?
　　　　　　　　　　　　　　die Erde, der Kreis, ...
die **Runde,** die Runden　　In der letzten Runde übernahm er die
　　　　　　　　　　　　　　Führung.
runter
runterkommen, du kommst runter　Komm sofort von der Mauer runter!
die **Rutschbahn,** die Rutschbahnen　Bei Glatteis verwandeln sich Straßen in
　　　　　　　　　　　　　　Rutschbahnen.
rutschen, du rutschst

131

S   Sache   sausen

S

sa **sä**

die **Sache,** die Sachen   Komm zur Sache!
der **Sack,** die Säcke   das Sackhüpfen, die Sackgasse,
                                            der Kartoffelsack, der Rucksack, …
säen, du säst, er säte,   Wir säen Kressesamen in Blumentöpfe.
sie hat gesät ⇨ 53, 69, 113
der **Saft,** die Säfte ⇨ 105, 125
sagen, du sagst   Zu dem Wort *sagen* kannst du viele
                                            Wörter finden, die eine ähnliche
                                            Bedeutung haben. Sie gehören zum
                                            gleichen Wortfeld: erzählen, sprechen,
                                            berichten, reden, fragen, antworten,
                                            flüstern, rufen, …
sägen, du sägst ⇨ 57, 109   die Holzsäge, die Eisensäge,
                                            die Baumsäge — und die Nervensäge?
der **Salat,** die Salate ⇨ 77, 105   Nun haben wir den Salat!
das **Salz,** die Salze ⇨ 101
sammeln, du sammelst   Oma sammelt Pilze, Papa sammelt
                                            Briefmarken, ich sammele Kastanien.
der **Samstag,** am Samstag ⇨ 188   Der *Samstag* heißt in manchen Gegenden
                                            auch *Sonnabend*.
                                            Trenne so: Sams-tag
samstags   Diese Zeitangabe wird klein geschrieben.
sämtlich   Wir haben sämtliche Angaben genau
                                            überprüft.
der **Sand**   das Sandmännchen, der Sandkuchen,
                                            der Treibsand, der Streusand, …
der **Sandkasten,** die Sandkästen
der **Satellit,** die Satelliten ⇨ 41   Ein Satellit ist ein künstlicher Mond.

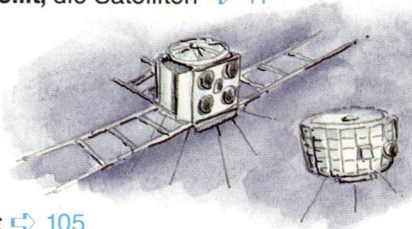

satt ⇨ 105   Hast du dich satt gegessen? Danke, ich
                                            bin satt.
der **Satz,** die Sätze ⇨ 157   das Satzzeichen, die Satzaussage,
                                            der Fragesatz, der Aufsatz, …
sauber ⇨ 109
saufen, du säufst, er soff,   Nach dem Rennen hat das Pferd einen
sie hat gesoffen   halben Eimer Wasser gesoffen.
sausen, du saust   Die Maus saust in ihr Haus.

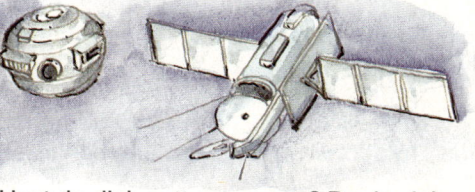

132

Spiele draußen

anschleichen	hangeln	suchen
balancieren	hängen	verfolgen
bauen	klettern	verstecken
fangen	schaukeln	wippen

Schachtel — scheu

scha schä

die **Schachtel,** die Schachteln — Wir haben Schachteln mit Buntpapier beklebt.

schade — Es ist schade, daß du nicht kommen kannst.

das **Schaf,** die Schafe ⇨ 69
der **Schäferhund,** die Schäferhunde — Nicht jeder Schäferhund hilft Schafe hüten.
schaffen, du schaffst, er schaffte, sie hat geschafft — Vater hat die Kiste in den Keller geschafft.
schaffen, du schaffst, er schuf, sie hat geschaffen — Der Künstler schuf ein Werk.
der **Schal,** die Schals ⇨ 117 — Tante Elli strickt mir einen bunten Schal.
🅣 die **Schale,** die Schalen ⇨ 65 — Nüsse haben harte Schalen. Mutter hat das Obst in die Schale gelegt.

die **Schallplatte,** die Schallplatten ⇨ 141
sich **schämen,** du schämst dich — Wir haben uns geschämt, weil wir deinen Geburtstag vergessen haben.

scharf, schärfer, am schärfsten — Sei vorsichtig, das Messer ist sehr scharf! Das Gulasch ist scharf gewürzt.

der **Schatten,** die Schatten — In der Mittagssonne ist mein Schatten am kleinsten. Warum?

schauen, du schaust — Vom Aussichtsturm kann man weit in die Ferne schauen.

die **Schaufel,** die Schaufeln ⇨ 113 — der Schaufelstiel, das Schaufelrad, die Sandschaufel, die Baggerschaufel, …

die **Schaukel,** die Schaukeln — Kleine Kinder schaukeln gern auf dem Schaukelpferd.

schaukeln, du schaukelst ⇨ 133
der **Schaum,** die Schäume — Ich schlage das Eiweiß schaumig.

sche

🅣 die **Scheibe,** die Scheiben — der Scheibenwischer, das Scheibenschießen, die Glasscheibe, die Kniescheibe, …

scheiden, du scheidest, er schied, sie ist geschieden — Früher sagte man: Er schied von hier. Wir sagen heute: Er nahm Abschied.
scheinen, du scheinst, er schien, sie hat geschienen — Sonne, Mond und Sterne scheinen. Sie geben uns Licht. Er schien die Wahrheit zu sagen.

schenken, du schenkst ⇨ 125 — Was haben dir deine Eltern geschenkt?
die **Scherbe,** die Scherben — Scherben bringen Glück.
🅣 die **Schere,** die Scheren ⇨ 109 — Mit scharfen Scheren kann man Schafe scheren.

scheu — Der Kuckuck ist ein scheuer Vogel.

Schi schleichen S

schi

der **Schi,** die Schier (auch: der Ski, die Skier)
schicken, du schickst ⇨ 187 — Wir haben ihn in den April geschickt.
schieben, du schiebst, er schob, sie hat geschoben — Bergauf mußten wir das Fahrrad schieben.
schief — Ich könnte mich schief lachen.
die **Schiene,** die Schienen ⇨ 173 — der Schienenbus, der Schienenstrang, die Eisenbahnschiene, die Straßenbahnschiene, …
schießen, du schießt, er schoß, sie hat geschossen — Er schoß haarscharf über das Tor.
das **Schiff,** die Schiffe ⇨ 173 — der Schiffbruch, die Schiffsreise, das Segelschiff, das Forschungsschiff, …
die **Schiffahrt,** die Schiffahrten ⇨ 191 — Trenne so: Schiff-fahrt
das **Schild,** die Schilder ⇨ 165

der **Schild,** die Schilde

die **Schildkröte,** die Schildkröten — Schildkröten können mehr als hundert Jahre alt werden.
schimpfen, du schimpfst — Trenne so: schimp-fen
der **Schirm,** die Schirme

schl

schlachten, du schlachtest — Gestern habe ich mein Sparschwein geschlachtet.
schlafen, du schläfst, er schlief, sie hat geschlafen — Hast du gut geschlafen?
schlagen, du schlägst, er schlug, sie hat geschlagen — Die Uhr hat zwölf geschlagen.
die **Schlange,** die Schlangen ⇨ 61, 73 — Die größten Schlangen werden fast zwölf Meter lang.
schlank — Für *schlank* kannst du manchmal auch *schmal* oder *dünn* sagen.
schlau — Er ist schlau wie ein Fuchs.
der **Schlauch,** die Schläuche ⇨ 169 — In meinem Fahrradschlauch war ein Loch.
schlecht — Das war ein schlechter Scherz!
Die Milch ist schlecht geworden.
schleichen, du schleichst, er schlich, sie ist geschlichen — Die Katze schleicht um den heißen Brei herum.

S | Schleife · schmutzig

🅣 die **Schleife,** die Schleifen
schleppen, du schleppst — Ich habe die schwere Einkaufstasche nach Hause geschleppt.

schleudern, du schleuderst — Er hat den Speer weit geschleudert.
schließen, du schließt, er schloß, sie hat geschlossen

Heute geschlossen

schließlich — Wir sind schließlich doch fertig geworden.
schlimm — Das ist doch nicht so schlimm!
der **Schlitten,** die Schlitten — In nordischen Ländern ist im Winter der Motorschlitten oft das beste Verkehrsmittel.

🅣 das **Schloß,** die Schlösser ⇨ 49

schlucken, du schluckst ⇨ 81 — Paß auf, damit du dich nicht verschluckst!
Trenne so: schluk-ken

schlüpfen, du schlüpfst — Trenne so: schlüp-fen
Kaum sind die Küken aus dem Ei geschlüpft, schon können sie allein laufen und picken.

der **Schluß,** die Schlüsse — Schluß damit!
🅣 der **Schlüssel,** die Schlüssel ⇨ 97 — das Schlüsselbein, das Schlüsselloch, der Wagenschlüssel, der Torschlüssel, ...

schm

schmal — Für *schmal* kannst du manchmal auch *schlank, eng, mager* oder *dünn* sagen.

schmecken, du schmeckst ⇨ 105 — Das Essen hat sehr gut geschmeckt.
Trenne so: schmek-ken

schmeißen, du schmeißt, er schmiß, sie hat geschmissen — Warum hast du alle kaputten Spielsachen weggeschmissen?
schmelzen, er schmilzt, er schmolz, er ist geschmolzen — Der Schnee ist zu Wasser geschmolzen.
der **Schmerz,** die Schmerzen ⇨ 85 — Diese Medizin wird deine Schmerzen lindern.

der **Schmetterling,** die Schmetterlinge ⇨ 61

schmieren, du schmierst — Schmier nicht so!
der **Schmuck** — Der Häuptling trug einen Kopfschmuck aus Adlerfedern.

schmücken, du schmückst ⇨ 125 — Zum Fasching schmücken wir unsere Klasse mit Girlanden.
Trenne so: schmük-ken

der **Schmutz** (nur Einzahl)
schmutzig ⇨ 109 — Immer mußt du deine Sachen so schmutzig machen!

Sportfest

anfeuern	die **Punkte**	stolpern
atemlos	der **Reifen**	die **Stoppuhr**
gewinnen	schwitzen	die **Strecke**
das **Hindernis**	der **Sieger**	das **Tor**
hüpfen	die **Siegerehrung**	treffen
die **Hürde**	der **Slalom**	verfehlen
langsam	der **Spielplan**	werfen
der **Lauf**	die **Staffel**	der **Wurf**
die **Mannschaft**	der **Start**	die **Zeit**
die **Nummer**	die **Station**	das **Ziel**
der **Preis**	die **Stelzen**	zielen

Schnabel   Schraube

schn

der **Schnabel,** die Schnäbel ⇨ 61
    schnappen, du schnappst
die **Schnecke,** die Schnecken ⇨ 61

Halt den Schnabel! Welcher ist gemeint?
Der Hund schnappt nach der Wurst.
Trenne so: Schnek-ke
das Schneckentempo, das Schnecken-
haus, die Bänderschnecke, die Weinberg-
schnecke, ...

der **Schnee** ⇨ 45

der Schneeball, das Schneewittchen,
der Pulverschnee, der Eischnee, ...

der **Schneemann,** die Schneemänner

    schneiden, du schneidest, er schnitt,
sie hat geschnitten ⇨ 109
    schneien, es schneit
    schnell
die **Schnur,** die Schnüre

Du kannst die Gurke in Scheiben
schneiden.

Für *Schnur* kannst du manchmal auch
Faden, Band oder *Kordel* sagen.
Es klappt wie am Schnürchen.

    schnüren, zuschnüren,
du schnürst zu

Womit schnürst du deine Schuhe zu?

scho schö

die **Schokolade,** die Schokoladen ⇨ 125

Man kann Schokolade essen, aber auch
trinken.

    schon
    schön, etwas Schönes
    schöpfen, du schöpfst

Es ist schon spät.
Ich habe etwas Schönes geträumt.
Mit einer großen Schöpfkelle verteilt
Mutter die Suppe.
Trenne so: schöp-fen

der **Schornstein,** die Schornsteine ⇨ 97

schr

die **Schramme,** die Schrammen ⇨ 85
der **Schrank,** die Schränke ⇨ 97

Das ist doch nur eine kleine Schramme!
die Schranktür, das Schrankbett,
der Wandschrank, der Kleiderschrank, ...

die **Schranke,** die Schranken

An der Bahnschranke mußten wir lange
warten.

die **Schraube,** die Schrauben ⇨ 109

der Schraubenzieher, der Schraubstock,
die Holzschraube, die Metallschraube, ...

Schreck   schwarz

der **Schreck** (auch: der Schrecken)   Vor Schreck ist er ganz blaß geworden.
                                          Trenne so: Schrek-ken
schrecklich   Wir haben schrecklich gelacht.
schreiben, du schreibst, er schrieb,
sie hat geschrieben ⇨ 153, 187
schreien, du schreist, er schrie,   Das Baby tat seinen ersten Schrei.
sie hat geschrien
schreiten, du schreitest, er schritt, Die beiden Präsidenten schritten
sie ist geschritten   zusammen die Treppe herab.
die **Schrift,** die Schriften   Diese Handschrift kann man gut lesen.
der **Schritt,** die Schritte   Wir kommen Schritt für Schritt weiter.

schu schü

schüchtern   Sei nicht so schüchtern!
der **Schuh,** die Schuhe ⇨ 117   der Schuhschrank, die Schuhsohle,
                                          der Turnschuh, der Lederschuh, …
die **Schularbeit,** die Schularbeiten   Heute haben wir keine Schularbeiten auf.
die **Schuld,** die Schulden   Es war meine Schuld.
                                          Ich habe keine Schulden mehr.
die **Schule,** die Schulen ⇨ 153, 190
der **Schüler,** die Schüler ⇨ 153
die **Schülerin,** die Schülerinnen ⇨ 153
das **Schuljahr,** die Schuljahre
die **Schulter,** die Schultern ⇨ 81   Vater trägt meine kleine Schwester auf
                                          den Schultern.
die **Schürze,** die Schürzen ⇨ 117   Der Gartenzwerg trägt eine grüne
                                          Schürze.
der **Schuß,** die Schüsse   Du gibst den Startschuß.
die **Schüssel,** die Schüsseln ⇨ 101   Wir rühren den Kuchenteig in der
                                          Schüssel an.

schütteln, du schüttelst
schütten, du schüttest   Hast du dem Wellensittich Futter in den
                                          Napf geschüttet?
der **Schutz**
schützen, du schützt   Ein Wintermantel schützt gegen Kälte.
der **Schutzmann,** die Schutzmänner   Zum *Polizisten* hat man früher auch
                                          Schutzmann gesagt.

schw

schwach, schwächer,   Der alte Esel wurde immer schwächer.
am schwächsten
der **Schwanz,** die Schwänze ⇨ 61
schwarz, schwärzer,   Die Nacht war kohlpechrabenschwarz.
am schwärzesten

schweigen — Seite

schweigen, du schweigst,
er schwieg, sie hat geschwiegen
das **Schwein,** die Schweine ➪ 69

schwer ➪ 189
die **Schwester,** die Schwestern ➪ 93
schwierig

die **Schwierigkeit,** die Schwierigkeiten

schwimmen, du schwimmst,
er schwamm, sie ist geschwommen

schwindelig (auch: schwindlig)

schwitzen, du schwitzt ➪ 45, 137

Du solltest lieber mal schweigen, statt pausenlos zu quasseln.
In der Schweinefamilie heißt der Vater *Eber* und die Mutter *Sau.* Die Kinder sind alle *Ferkel.*

Trenne so: Schwe-ster
Ich fand die Rechenaufgabe sehr schwierig.
Wer hat noch Schwierigkeiten mit dieser Aufgabe?

NICHTSCHWIMMER SCHWIMMER

Ich bin ganz schwindelig vom Karussellfahren.
In der Sauna kann man tüchtig schwitzen.

se

sechs, sechzehn, sechzig,
sechshundert, sechsmal
der **See,** die Seen ➪ 49

die **See** (nur Einzahl)
das **Segel,** die Segel ➪ 173

sehen, du siehst, er sah,
sie hat gesehen
sehr
ihr **seid** (von: sein)
die **Seife,** die Seifen

das **Seil,** die Seile

sein, ich bin, du bist, er ist,
wir sind, ihr seid, sie sind,
er war, ich bin gewesen
sein, seine, seinem, seinen, seiner
seit
seitdem

die **Seite,** die Seiten

Beim sechsten Versuch sprang er am weitesten.
die Seerose, die Seerundfahrt,
der Kratersee, der Waldsee, …
Das *Meer* nennt man auch *die See.*
Es gibt Segelboote und Segelflugzeuge.
Haben Segelflugzeuge eigentlich Segel?

Ich habe mich sehr gefreut.
Ihr seid heute sehr pünktlich.
Aus Seifenwasser kann man Seifenblasen machen.
der Seiltänzer, die Seilbahn,
das Springseil, das Halteseil, …
Bitte, sei still!

Das ist seine Sache.
Wir haben seit gestern Ferien.
Peter hat sich gut erholt, seitdem er aus dem Krankenhaus entlassen ist.
Ein Buch hat viele Seiten, ein Blatt hat nur zwei.

Radio und Fernsehen

abschalten	die **Glotze**	die **Nachrichten**
ansagen	gucken	das **Programm**
die **Ansagerin**	hören	das **Programmheft**
die **Antenne**	interessant	das **Radio**
aufnehmen	das **Kabel**	der **Rücklauf**
auswählen	die **Kassette**	die **Schallplatte**
der **Bildschirm**	der **Kassettenrecorder**	der **Sender**
der **CD-Player**	komisch	die **Sendung**
einschalten	der **Kopfhörer**	spannend
fernsehen	langweilig	das **Video**
der **Fernseher**	der **Lautsprecher**	der **Vorlauf**
die **Flimmerkiste**	das **Mikrofon**	die **Werbung**

S Sekunde   sieben

die **Sekunde,** die Sekunden ⇨ 188   Eine Minute hat sechzig Sekunden.
selber   Das muß jeder selber wissen.
selbst

Selbstbedienung

selbständig   Trenne so: selb-ständig
                                             Du bist schon recht selbständig.
der **Selbstlaut,** die Selbstlaute ⇨ 157   Selbstlaute sind: a, e, i, o, u.
selbstverständlich   Was selbstverständlich ist, versteht sich
                                             von selbst.
selten   Das Gegenteil von *selten* ist *oft* oder
                                             häufig.

seltsam
senden, du sendest ⇨ 187
der **Sender,** die Sender ⇨ 141
die **Sendung,** die Sendungen ⇨ 141
der **Senf** ⇨ 101   Senf wird aus den Samen der Senfpflanze
                                             gewonnen. Er heißt auch *Mostrich*.
senkrecht

SENKRECHT   WAAGERECHT

der **September,** im September ⇨ 188
die **Serie,** die Serien
die **Serviette,** die Servietten ⇨ 105   Die *Serviette* wurde früher *Mundtuch*
                                             genannt.
der **Sessel,** die Sessel ⇨ 97
setzen, du setzt   Er hat sich in die Nesseln gesetzt.
                                             Sie hat den Spielstein zwei Felder weiter
                                             gesetzt.

sh

der **Sheriff,** die Sheriffs   Am Sheriffstern erkennt man den obersten
                                             Polizisten einer amerikanischen Stadt.

si

sich
sicher   Ist dein Fahrrad verkehrssicher?
                                             Du hast es sicher gut gemeint.
die **Sicherheit,** die Sicherheiten
sichtbar   Was wäre, wenn du unsichtbar wärst?
sie   Die Fürwörter *ich, du, er sie, es, ...* heißen
                                             auch *Pronomen*.
das **Sieb,** die Siebe ⇨ 101
sieben, du siebst   Das Mehl muß gesiebt werden.

| sieben | Sohn | **S** |

sieben, siebzehn, siebzig, siebenhundert, siebenmal
der **Sieg,** die Siege ⇨ 137
siegen, du siegst ⇨ 137
das **Signal,** die Signale ⇨ 173

Der Fahrstuhl fährt nur bis zum siebten Stock.
Manchmal gibt es Sieger und Verlierer.

die **Silbe,** die Silben ⇨ 157
das **Silber**
silbern
das **Silvester**

Silbenrätsel: BEN SEL RÄT SIL
Reden ist Silber, Schweigen ist Gold.

Trenne so: Sil-ve-ster
Silvester ist der letzte Tag des Jahres.

wir **sind** (von: sein)
singen, du singst, sie sang, er hat gesungen
der **Singular** ⇨ 157
sinken, du sinkst, er sank, es ist gesunken
der **Sinn,** die Sinne

Die Sänger haben falsch gesungen.

Die *Einzahl* heißt auch *Singular.*
Das Schiff ist im Sturm gesunken.

Mit deinen Sinnen kannst du vieles wahrnehmen: Farben, Düfte, Geräusche, ...

die **Sirene,** die Sirenen
der **Sitz,** die Sitze
sitzen, du sitzt, sie saß, er hat gesessen

| **sk** |

der **Ski** (auch: Schi), die Skier (auch: die Schier oder die Schi)

Ein Skiläufer kann eine Spitzengeschwindigkeit von über 100 Stundenkilometern erreichen.

| **so** |

so
die **Socke** (auch: der Socken), die Socken ⇨ 117
das **Sofa,** die Sofas ⇨ 97
sofort
das **Soft-Eis**
sogar
die **Sohle,** die Sohlen

der **Sohn,** die Söhne ⇨ 93

Ich habe das so nicht gemeint.
Trenne so: Sok-ke

Soft-Eis ist besonders weich und sahnig.

die Schuhsohle, die Gummisohle, die Fußsohle, ...
Vater ist Opas Sohn. Wessen Sohn ist Opa?

S solche — **Sp**echt

    solche　　　　　　　　　　　　　　　Ich habe noch nie solche Angst gehabt.
der **Soldat,** die Soldaten
    sollen, du sollst
der **Sommer,** im Sommer ⇨ 188　　　　die Sommerferien, der Sommertag,
　　　　　　　　　　　　　　　　　　　das Sommerfest, der Spätsommer, …
das **Sonderangebot,**　　　　　　　　　Im Schlußverkauf gibt es Sonderangebote.
    die Sonderangebote ⇨ 186
    sondern
der **Sonnabend,** am Sonnabend ⇨ 188　Der *Sonnabend* heißt auch *Samstag.*
    sonnabends　　　　　　　　　　　Diese Zeitangaben werden klein
　　　　　　　　　　　　　　　　　　　geschrieben: *samstags, montags, …*
die **Sonne,** die Sonnen ⇨ 41, 45　　　Die Erde kreist jedes Jahr einmal um die
　　　　　　　　　　　　　　　　　　　Sonne.
    sonnig ⇨ 45
der **Sonntag,** am Sonntag ⇨ 188　　　Manche Menschen müssen auch am
　　　　　　　　　　　　　　　　　　　Sonntag arbeiten.
    sonntags　　　　　　　　　　　　Diese Zeitangaben werden klein
　　　　　　　　　　　　　　　　　　　geschrieben: *donnerstags, montags,*
　　　　　　　　　　　　　　　　　　　dienstags, …
    sonst
die **Sorge,** die Sorgen　　　　　　　　Mach dir keine Sorgen!
sich **sorgen,** du sorgst dich　　　　　Er sorgt für seinen Hamster.
die **Soße,** die Soßen ⇨ 105　　　　　Sie redet Quatsch mit Soße.

sp

die **Spaghetti** (nur Mehrzahl) ⇨ 105　Trenne so: Spa-ghetti
    spannen, du spannst　　　　　　Ich bin gespannt, ob die Sendung wirklich
    spannend ⇨ 129, 141　　　　　　spannend ist.
die **Spannung,** die Spannungen

    HOCHSPANNUNG! LEBENSGEFAHR!

    sparen, du sparst ⇨ 187
die **Sparkasse,** die Sparkassen
    sparsam

der **Spaß,** die Späße　　　　　　　　Das hat Spaß gemacht.
    spät ⇨ 188　　　　　　　　　　　Er kam spät, aber nicht zu spät.
der **Spaten,** die Spaten ⇨ 113
der **Spatz,** die Spatzen
    spazieren, du spazierst ⇨ 57　　der Spaziergang, die Spaziergänger,
    spazierengehen, du gehst spazieren　der Spazierstock, …
der **Specht,** die Spechte ⇨ 61　　　　Warum nennt man den Specht den
　　　　　　　　　　　　　　　　　　　Zimmermann des Waldes?

In der Bücherei

das **Abenteuerbuch**	der **Held**	die **Phantasie**
die **Ausleihe**	die **Hexe**	der **Prinz**
ausleihen	die **Kartei**	die **Prinzessin**
auswählen	die **Kassette**	der **Räuber**
die **Bibliothek**	der **König**	das **Regal**
das **Bilderbuch**	die **Königin**	der **Riese**
blättern	der **Krimi**	das **Sachbuch**
das **Buch**	**lesen**	**schmökern**
der **Comic**	der **Leserausweis**	das **Tierbuch**
erzählen	das **Lexikon**	**verleihen**
das **Gedicht**	das **Märchen**	**vorlesen**
die **Geschichte**	das **Märchenbuch**	die **Zeitschrift**
das **Gespenst**	die **Öffnungszeit**	der **Zwerg**

Speck   spüren

der **Speck**
die **Speise,** die Speisen ➪ 105
　speisen, du speist ➪ 105

der **Sperling,** die Sperlinge
die **Sperre,** die Sperren
　sperren, du sperrst
der **Spiegel,** die Spiegel ➪ 97

das **Spiel,** die Spiele ➪ 125, 129, 137
　spielen, du spielst, sie hat gespielt

die **Spinne,** die Spinnen ➪ 61
　spinnen, du spinnst, er spann,
　sie hat gesponnen
　spitz

die **Spitze,** die Spitzen
　spitzen, du spitzt
der **Sport** ➪ 137

Mit Speck fängt man Mäuse.
die Speisekarte, die Speisekammer,
der Speisewagen, die Nachspeise,
die Süßspeise, ...

Sperling ist ein anderes Wort für Spatz.

Spieglein, Spieglein an der Wand, wer ist die Schönste im ganzen Land?
das Spielzeug, die Spielsachen, der Spielplatz, das Ballspiel, das Glücksspiel, das Angelspiel, ...
Es gibt viele tausend Spinnenarten.
Rumpelstilzchen konnte Stroh zu Gold spinnen.
Mit dem Spitzer spitzt du die Bleistifte spitz.

Welche Sportarten kennst du?

der **Sportler,** die Sportler
die **Sportlerin,** die Sportlerinnen
　sportlich
der **Spott**
　spotten, du spottest
die **Sprache,** die Sprachen ➪ 157

　sprechen, du sprichst, sie sprach,
　er hat gesprochen
　springen, du springst, sie sprang,
　er ist gesprungen
die **Spritze,** die Spritzen ➪ 85
　spritzen, du spritzt
die **Spucke**

　spucken, du spuckst
der **Spuk**
　spuken, du spukst

die **Spüle,** die Spülen ➪ 101
　spülen, du spülst
die **Spur,** die Spuren
　spüren, du spürst

Wer den Schaden hat, braucht für den Spott nicht zu sorgen.
das Sprachbuch, der Sprachkurs,
die Fremdsprache, die Aussprache, ...

Für das Sportfest üben wir Weitsprung und Hochsprung.

Da bleibt einem ja die Spucke weg!
Trenne so: Spuk-ke
Trenne so: spuk-ken

Um Mitternacht soll es in der alten Burg spuken.
Wir haben einen Geschirrspüler.

Wir haben die Anstrengung kaum gespürt.

Stab · stellen

sta

der **Stab**, die Stäbe

der **Stachel**, die Stacheln ⇨ 61
die **Stadt**, die Städte ⇨ 165

der **Stahl**, die Stähle
der **Stall**, die Ställe ⇨ 69
der **Stamm**, die Stämme ⇨ 57, 65
der **Stand**, die Stände

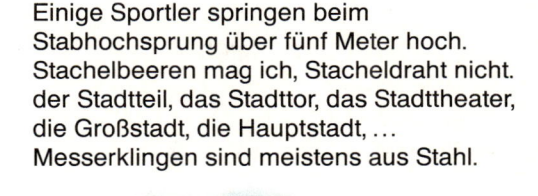

Einige Sportler springen beim Stabhochsprung über fünf Meter hoch.
Stachelbeeren mag ich, Stacheldraht nicht.
der Stadtteil, das Stadttor, das Stadttheater, die Großstadt, die Hauptstadt, ...

Messerklingen sind meistens aus Stahl.

die **Stange**, die Stangen
der **Star**, die Stare
der **Star**, die Stars

stark, stärker, am stärksten
der **Start**, die Starts ⇨ 137

Warum heißt die Bohnenstange so?
Amsel, Drossel, Fink und Star, ...
die Starparade, der Popstar, der Filmstar, der Fernsehstar, ...

starten, du startest
stattfinden, es findet statt

staunen, du staunst

Wegen schlechten Wetters konnte das Fest nicht stattfinden.
Da staunst du, was?

ste

stechen, du stichst, sie stach, er hat gestochen
stecken, du steckst

stehen, du stehst, er stand, sie hat gestanden
stehlen, du stiehlst, er stahl, sie hat gestohlen
steigen, du steigst, er stieg, sie ist gestiegen
steil ⇨ 49
der **Stein**, die Steine
die **Stelle**, die Stellen
stellen, du stellst

Sie steckt den Stecker in die Steckdose.
Trenne so: stek-ken
Ein Männlein steht im Walde, ...

Fuchs, du hast die Gans gestohlen, ...

Laß deinen Drachen nicht zu hoch steigen.

Warum heißt der Backstein so?
An der Bushaltestelle sollte man sich hintereinander aufstellen.

147

Stempel stoppen

T der **Stempel,** die Stempel ⇨ 187
stempeln, du stempelst ⇨ 187

Der Poststempel zeigt, wann und wo ein Brief aufgegeben worden ist.

der **Stengel,** die Stengel ⇨ 65

Manche Blumen haben einen langen Stengel.

sterben, du stirbst, sie starb, er ist gestorben
der **Stern,** die Sterne ⇨ 41

In klaren Nächten kannst du viele Sterne sehen.

das **Steuer,** die Steuer ⇨ 173
die **Steuer,** die Steuern

Das Steuer braucht man zum Lenken.
Die Steuern fordert das Finanzamt.

sti

der **Stiefel,** die Stiefel ⇨ 117

der Lederstiefel, der Gummistiefel, der Kinderstiefel, ...

der **Stiel,** die Stiele ⇨ 65

Die Blumen sind mit Stumpf und Stiel ausgerissen worden.

T der **Stift,** die Stifte

Es gibt Bleistifte, Buntstifte und Filzstifte. Auch kleine Nägel werden Stifte genannt.

still

Sei still!

T die **Stimme,** die Stimmen

der Stimmzettel, die Stimmgabel, die Kinderstimme, die Vogelstimme, ...

stimmen, es stimmt
stinken, du stinkst, er stank, es hat gestunken

Warum heißt das Stinktier so?

die **Stirn,** die Stirnen ⇨ 81

das Stirnband, die Stirnlocke, ...

sto   stö

T der **Stock,** die Stöcke

Mit dem neuen Rad fährt er über Stock und Stein.
Trenne so: Stök-ke

T der **Stock** (auch: das Stockwerk, die Stockwerke)
der **Stoff,** die Stoffe

Wir wohnen im vierten Stock. Das Haus ist sechs Stockwerke hoch.
die Stoffpuppe, das Stoffgeschäft, der Kleiderstoff, der Wollstoff, der Süßstoff, ...

stolpern, du stolperst ⇨ 137
stolz
stoppen, du stoppst ⇨ 137

Fast wäre ich über den Abtreter gestolpert.

Stopp den Ball!

Veranstaltungen

Musikhochschule — Tag der offenen Tür

Zirkus Piccolino — 3.5. – 24.5. täglich 15:30 auf dem Rathausplatz

Kinderfilme des Monats
1. Der Krieg der Knöpfe — Ufo-Kino
2. Pippi Langstrumpf — Filmpalast
3. Die lustige Bande — Aladin
4. Zeichentrickparade — Kinomuseum

Kinder im Museum — wechselnde Kurse: Holzarbeiten, Tonarbeiten, Malerei — STADTMUSEUM

Wer macht mit? Foto- und Videogruppe sucht Nachwuchs! Bitte melden bei:

Konferenz der Tiere — Ein Theaterstück der Klasse 3b — 27.3. 17 Uhr — Aula Kästner Schule

Das Papperlapapp-Theater zeigt: So ein Quatsch! — Ein Spiel mit Puppen — 28.6. – 23.8. sonntags 15 Uhr

KINDERFEST mit tollen Überraschungen am 14.7. ab 14 Uhr — Ort: Stadtparkspielplatz

Lesung »Reise durch die Märchenwelt« — lesen, zuhören, diskutieren — Bücherei 3.5. 15 Uhr

KONZERT IM PARK — Klassik für Kinder

---

das **Akkordeon**	die **Geige**	die **Melodie**
ausstellen	die **Gitarre**	das **Mikrofon**
die **Ausstellung**	das **Instrument**	das **Museum**
berühmt	die **Kamera**	die **Musik**
besuchen	die **Kapelle**	der **Pinsel**
das **Bild**	das **Kino**	das **Publikum**
der **Chor**	klatschen	das **Theater**
der **Clown**	das **Klavier**	der **Ton**
die **Eintrittskarte**	das **Konzert**	die **Trommel**
die **Farbe**	der **Künstler**	zeichnen
der **Film**	das **Lied**	der **Zirkus**
die **Flöte**	malen	zuhören
das **Foto**	der **Maler**	zuschauen

S Storch — stricken

der **Storch,** die Störche

stören, du störst
die **Störung,** die Störungen

T der **Stoß,** die Stöße

stoßen, du stößt, er stieß,
sie hat gestoßen

Storchennester sieht man nur selten.
Er stolzierte wie ein Storch im Salat.

BILDSTÖRUNG

der Stoßzahn, der Abstoß, der Freistoß,
der Strafstoß, …

str

die **Strafe,** die Strafen
strafen, du strafst

der **Strahl,** die Strahlen

der **Strand,** die Strände ⇨ 121

die **Straße,** die Straßen ⇨ 165
T der **Strauß,** die Sträuße
T der **Strauß,** die Strauße ⇨ 73

die **Strecke,** die Strecken ⇨ 137
strecken, du streckst

der **Streich,** die Streiche

streicheln, du streichelst
streichen, du streichst, er strich,
sie hat gestrichen
der **Streifen,** die Streifen

der **Streik,** die Streiks ⇨ 190
der **Streit,** die Streite
streiten, du streitest, er stritt,
sie hat gestritten
streng
der **Strich,** die Striche
stricken, du strickst

Strafe muß sein! Muß Strafe sein?
In manchen Ländern wird Diebstahl hart bestraft.
die Lichtstrahlen, die Sonnenstrahlen,
die Röntgenstrahlen, der Zahlenstrahl,
die Bestrahlung, …
der Strandkorb, die Strandburg,
das Strandhotel, der Sandstrand,
der Meeresstrand, …
Augen auf im Straßenverkehr!
Sie bekam zum Geburtstag viele Sträuße.
Der Strauß hat zwar Flügel, er kann aber
nicht fliegen.
Trenne so: Strek-ke
Er hat ihr die Zunge herausgestreckt.
Trenne so: strek-ken
Welche Streiche kennst du von Max und
Moritz?
Sie hätte gern die Katze gestreichelt.
Wir haben die Küche neu gestrichen.
Sei vorsichtig mit Streichhölzern!

Er geht jedem Streit aus dem Wege.
Sie streitet alles ab.

Sei nicht so streng!
Ziehe die Striche mit dem Lineal!
Ohne Stricknadeln kann man nicht
stricken.
Trenne so: strik-ken

Stroh　　　　　　　　　　　　　　　　süß

das **Stroh** (nur Einzahl) ⇨ 69　　　der Strohhalm, das Strohdach,
　　　　　　　　　　　　　　　　　　der Strohhut, das Haferstroh, ...
🛈 der **Strom,** die Ströme　　　　　Rhein, Donau und Elbe sind Ströme.
der **Strumpf,** die Strümpfe ⇨ 117　Trenne so: Strümp-fe
　　　　　　　　　　　　　　　　　　die Strumpfhose, der Kniestrumpf,
　　　　　　　　　　　　　　　　　　der Wollstrumpf, Pippi Langstrumpf, ...

stu　stü

die **Stube,** die Stuben
das **Stück,** die Stücke　　　　　　Trenne so: Stük-ke, Stück-chen
　　studieren, du studierst
der **Stuhl,** die Stühle ⇨ 97, 101　die Stuhllehne, der Gartenstuhl,
　　　　　　　　　　　　　　　　　　der Fahrstuhl, der Dachstuhl,
　　　　　　　　　　　　　　　　　　der Feuerstuhl, der Rollstuhl, ...

　　stumpf　　　　　　　　　　Das stumpfe Messer muß geschärft
　　　　　　　　　　　　　　　　　　werden.

die **Stunde,** die Stunden ⇨ 188　Eine Stunde hat 60 Minuten oder
　　　　　　　　　　　　　　　　　　3 600 Sekunden. Die Schulstunde hat nur
　　　　　　　　　　　　　　　　　　45 Minuten.

der **Sturm,** die Stürme ⇨ 45　　　Im Radio wurde eine Sturmwarnung
　　　　　　　　　　　　　　　　　　gegeben.
　　stürmen, er stürmt, es stürmt ⇨ 45　Die Torjäger stürmen auf das gegnerische
　　　　　　　　　　　　　　　　　　Tor.

der **Sturz,** die Stürze
　　stürzen, du stürzt　　　　　　Motorradfahrer müssen einen Sturzhelm
　　　　　　　　　　　　　　　　　　tragen.
die **Stütze,** die Stützen　　　　　Die Vordersitze im Auto müssen
　　stützen, du stützt　　　　　　Kopfstützen haben.

su　sü

das **Subjekt,** die Subjekte ⇨ 157　Das *Subjekt* heißt auch *Satzgegenstand.*
das **Substantiv,** die Substantive ⇨ 157　Trenne so: Sub-stan-tiv
　　　　　　　　　　　　　　　　　　Das *Substantiv* heißt auch *Namenwort*
　　　　　　　　　　　　　　　　　　oder *Nomen.*

　　subtrahieren, du subtrahierst
die **Subtraktion,** die Subtraktionen　Subtraktionsaufgaben erkennt man am
　　　　　　　　　　　　　　　　　　Minuszeichen.　7−3 = 4

　　suchen, du suchst ⇨ 133
der **Süden**　　　　　　　　　　　Mittags steht die Sonne im Süden.
die **Summe,** die Summen　　　　　Beim Addieren der Summanden erhältst
　　　　　　　　　　　　　　　　　　du eine Summe.　4 + 3 = 7

der **Supermarkt,** die Supermärkte ⇨ 186
die **Suppe,** die Suppen ⇨ 105
　　süß　　　　　　　　　　　　Zu viele Süßigkeiten sind ungesund.

Tabelle · Taxi

T

ta **tä**

die **Tabelle,** die Tabellen
die **Tafel,** die Tafeln ➪ 153 — Einen festlich gedeckten Tisch nennt man auch *Tafel.*

der **Tag,** die Tage, eines Tages ➪ 188 — Guten Tag!
täglich — Die Tageszeitung kommt täglich, außer sonntags.

das **Tal,** die Täler ➪ 49

Talsperren dienen als Wasserspeicher. Man nennt sie auch Stauseen.

der **Tank,** die Tanks ➪ 173 — die Tankstelle, der Tankwart, der Tanker, der Heizöltank, …

tanken, du tankst ➪ 173
die **Tanne,** die Tannen ➪ 65
die **Tante,** die Tanten ➪ 93
tanzen, du tanzt ➪ 125 — Der Tänzer und die Tänzerin tanzen einen Modetanz.

tapfer
die **Tasche,** die Taschen — das Taschengeld, das Taschentuch, der Taschenrechner, der Taschendieb, der Taschenkrebs, die Hosentasche, …

die **Tasse,** die Tassen ➪ 105
tätig
die **Tätigkeit,** die Tätigkeiten — Radfahren ist meine liebste Tätigkeit.
der **Tau** ➪ 45 — Tau liegt morgens manchmal auf Gräsern und Blättern.

das **Tau,** die Taue — Das Tau ist ein starkes Seil.
die **Taube,** die Tauben — der Taubenschlag, das Taubenfutter, die Ringeltaube, die Friedenstaube, …

tauchen, du tauchst ➪ 121 — Manche Kinder nehmen zum Tauchen eine Taucherbrille.

die **Taufe,** die Taufen ➪ 161 — das Taufbecken, das Taufkleid, die Taufpatin, die Kindstaufe, die Schiffstaufe, …

taufen, du taufst ➪ 161
der **Tausch,** die Tausche — Sie hat einen guten Tausch gemacht.
tauschen, du tauschst
tausend, tausendmal — Der tausendste Besucher bekam einen Blumenstrauß.

das **Taxi** (auch: die Taxe), die Taxen ➪ 165

In der Schule

Wie es früher war: »Die Schule«

Schiefertafel, Griffel, Tinte, Schwamm, Feder, Rechenmaschine, Löschpapier, Griffelkasten

der **Anspitzer**	die **Landkarte**	**rechnen**
antworten	**lehren**	**reden**
der **Bleistift**	der **Lehrer**	**schreiben**
der **Block**	die **Lehrerin**	die **Schule**
der **Buntstift**	**lernen**	der **Schüler**
der **Diaprojektor**	**lesen**	die **Schülerin**
der **Farbkasten**	das **Lineal**	die **Tafel**
der **Fehler**	**melden**	der **Tageslichtprojektor**
der **Filzstift**	**mogeln**	die **Tinte**
fragen	**nachschlagen**	der **Tuschkasten**
der **Füller**	die **Pause**	**vergessen**
das **Heft**	die **Pinnwand**	der **Zeichenblock**
der **Hof**	der **Radiergummi**	das **Zeugnis**
die **Klasse**	der **Ranzen**	**zuhören**

T

Technik | Tiger

te

die **Technik,** die Techniken ⇨ 191

der **Teddybär,** die Teddybären ⇨ 129

der **Tee,** die Tees ⇨ 101

der **Teich,** die Teiche ⇨ 49

der **Teig,** die Teige

der **Teil** (auch: das Teil), die Teile

teilen, du teilst
das **Telefon,** die Telefone ⇨ 187

telefonieren, du telefonierst ⇨ 187
das **Telegramm,** die Telegramme ⇨ 187
der **Teller,** die Teller ⇨ 105
die **Temperatur,** die Temperaturen ⇨ 189

das **Tennis**

der **Teppich,** die Teppiche ⇨ 97
teuer ⇨ 77
der **Text,** die Texte ⇨ 157

Ein Automechaniker muß viel von Technik verstehen.
Der Teddybär feierte im Jahre 1989 seinen 100. Geburtstag.

die Teekanne, der Teebeutel, der Pfefferminztee, der Kamillentee, ...
die Teichrose, das Teichhuhn, der Ententeich, der Badeteich, ...
die Teigwaren, die Teigrolle, der Kuchenteig, der Nudelteig, ...
Er behauptet das Gegenteil.
Ich habe ein Puzzle mit 1 000 Teilen.
Ist 10 durch 3 teilbar?
die Telefonzelle, der Telefonhörer, das Telefonbuch, das Autotelefon, ...

Temperaturen werden mit dem Thermometer gemessen.

der Tennisball, der Tennisschläger, der Tennisplatz, das Tischtennis, ...

Das Gegenteil von *teuer* ist *billig*.
Oft kann man noch die Melodie, aber nicht mehr den Text eines Liedes.

th

das **Theater,** die Theater ⇨ 149

das **Thermometer,** die Thermometer ⇨ 189

Trenne so: Thea-ter
das Theaterstück, die Theaterprobe, das Kaspertheater, das Filmtheater, ...
Mit dem Thermometer werden Temperaturen gemessen.

ti

tief
das **Tier,** die Tiere

der **Tiger,** die Tiger ⇨ 73

der Tierschutz, der Tierarzt, das Haustier, das Untier, das Stinktier, ...

Tinte   treiben   T

die **Tinte,** die Tinten ⇨ 153
der **Tisch,** die Tische ⇨ 97, 101

Warum heißt der Tintenfisch so?
der Tischler, die Tischlerei, das Tischtuch, das Tischtennis, das Tischlein, der Gartentisch, …

to   tö

toben, du tobst ⇨ 125
die **Tochter,** die Töchter ⇨ 93
der **Tod**
die **Toilette,** die Toiletten ⇨ 97
toll
die **Tomate,** die Tomaten ⇨ 77
der **Ton,** die Tone ⇨ 149
der **Ton,** die Töne ⇨ 149

der **Topf,** die Töpfe ⇨ 101

das **Tor,** die Tore ⇨ 137
die **Torte,** die Torten

tot
töten, du tötest

Mutter ist Omas Tochter.
Das Leben endet mit dem Tod.
Trenne so: Toi-lette
Ich finde das toll!

Aus Ton kann man Töpfe formen.
Vor Schreck brachte sie keinen Ton heraus.
In der Töpferei stellt der Töpfer Töpfe und andere Gefäße her.

Ich mach' nicht viele Worte, ich schenk' dir eine Torte.
Im Haus war es totenstill.
Das tapfere Schneiderlein tötete sieben Fliegen auf einen Streich.

tr

tragen, du trägst, sie trägt, er trug, sie hat getragen
der **Traktor,** die Traktoren (auch: der Trecker, die Trecker) ⇨ 69
die **Träne,** die Tränen
sich **trauen,** du traust dich
die **Trauer**
trauern, du trauerst
der **Traum,** die Träume
träumen, du träumst
traurig
der **Trecker,** die Trecker ⇨ 69
treffen, du triffst, sie traf, er hat getroffen ⇨ 137

treiben, du treibst, sie trieb, er hat getrieben

Hilf mir tragen!

Tränen sind salzig.
Er traut sich nicht ins Wasser.
Die Trauerfeier fand auf dem Friedhof statt.

Heute nacht hatte ich einen schönen Traum.
Sei nicht so traurig!

Unser Treffpunkt ist der Marktplatz.

Im Treibhaus blühen auch mitten im Winter Blumen.

T | trennen — tschüs

trennen, du trennst — Manche Wörter darf man nicht trennen.

die **Treppe,** die Treppen ⇨ 97

treten, du trittst, sie trat, er hat getreten — Er hat ihr aus Versehen auf den Fuß getreten.

treu

der **Trick,** die Tricks (auch: die Tricke) — Kein Zauberer verrät seine Tricks.

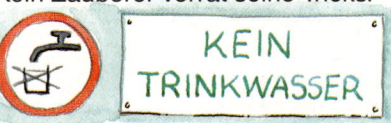

trinken, du trinkst, sie trank, er hat getrunken

der **Tritt,** die Tritte — Er hörte leise Tritte auf der Treppe.

trocken ⇨ 45 — Wenn die Farben trocken sind, kannst du das Bild aufhängen.
Trenne so: trok-ken

trocknen, du trocknest — Heu ist getrocknetes Gras.
Du kannst das Geschirr abtrocknen.

die **Trommel,** die Trommeln ⇨ 149 — Wenn du so laut trommelst, platzt mir noch das Trommelfell.

die **Trompete,** die Trompeten
trompeten, du trompetest ⇨ 73 — Elefanten können mit ihrem Rüssel sehr laut trompeten.

der **Tropfen,** die Tropfen — Ein Tropfen Öl macht 1 000 Liter Wasser ungenießbar.
Trenne so: Trop-fen

tropfen, es tropft — Wer repariert einen tropfenden Wasserhahn?
Trenne so: trop-fen

der **Trost**
trösten, du tröstest — Sie war untröstlich, weil sie nur einen Trostpreis gewonnen hatte.
Trenne so: trö-sten

trotz — Er machte sich trotz des Unwetters auf den Weg.

der **Trotz** — Aus Trotz rührte sie keinen Bissen an.
trotzdem — Er hatte Fieber, aber er ging trotzdem zur Arbeit.

trotzig

ts

tschüs — Auf Wiedersehen! Tschüs! Mach's gut!

Sprache und Grammatik

Sprachen
Deutsch: Buch
Englisch: book
Französisch: livre
Türkisch: kitap

Texte
Bericht
Erzählung
Märchen
Gedicht

Satzarten
Aussagesatz
Fragesatz
Aufforderungssatz (auch: Wunschsatz)
Ausrufesatz

Satzzeichen
. Punkt
? Fragezeichen
! Ausrufezeichen
! Ausrufezeichen
, Komma
: Doppelpunkt
" Redezeichen

Satzglieder
Satzgegenstand (auch: Subjekt)
Satzaussage (auch: Prädikat)
Ergänzung (auch: Objekt)
Ortsangaben und Zeitangabe

Wortarten
Tunwort oder Zeitwort (auch: Verb)
Namenwort (auch: Substantiv oder Nomen)
Begleiter (auch: Artikel)
Wiewort oder Eigenschaftswort (auch: Adjektiv)
Fürwort (auch: Pronomen)
Zahlwort

Laute und Buchstaben
Selbstlaut (auch: Vokal)
Umlaut
Doppellaut oder Zwielaut
Mitlaut (auch: Konsonant)

---

das **Adjektiv**	die **Geschichte**	der **Satz**
das **Alphabet**	die **Grammatik**	das **Satzzeichen**
der **Artikel**	der **Hauptsatz**	die **Silbe**
der **Aufsatz**	der **Konsonant**	das **Sprachbuch**
der **Buchstabe**	das **Lesebuch**	die **Sprache**
buchstabieren	die **Muttersprache**	das **Subjekt**
das **Diktat**	der **Nebensatz**	das **Substantiv**
diktieren	das **Nomen**	der **Text**
die **Fabel**	das **Objekt**	das **Verb**
die **Fremdsprache**	das **Prädikat**	der **Vokal**
das **Fürwort**	das **Pronomen**	das **Wort**
das **Gedicht**	der **Roman**	das **Wörterbuch**

T Tube — überhaupt

tu **tü**

die **Tube,** die Tuben	Wie viele Meter Zahnpasta sind wohl in der Tube?
das **Tuch,** die Tuche	Der Händler hatte wertvolle Tuche von seiner Reise mitgebracht.
das **Tuch,** die Tücher	Bei Schnupfen braucht man viele Taschentücher.
die **Tulpe,** die Tulpen ⇨ 113	In Holland gibt es viele Tulpenfelder. Man kann Tulpenblüten, aber auch Tulpenzwiebeln kaufen.
tun, du tust, sie tat, er hat getan	Es gibt nichts Gutes, außer man tut es!
der **Tunnel,** die Tunnel (auch: die Tunnels; in Süddeutschland auch: das Tunell, die Tunelle) ⇨ 173	Tunnels sollen Wege kürzer und sicherer machen. der Tunneleingang, die Tunnelröhre, der Straßentunnel, der Fußgängertunnel, …
die **Tür,** die Türen ⇨ 97	Man soll nicht „mit der Tür ins Haus fallen" und auch nicht „offene Türen einrennen".
der **Turm,** die Türme ⇨ 49	die Turmspitze, die Turmuhr, der Kirchturm, der Leuchtturm, …
turnen, du turnst	Die Turner turnen mit Turnschuhen in der Turnhalle.
die **Tüte,** die Tüten ⇨ 186	Ach du meine liebe Güte! Sechs Bonbons und keine Tüte.

U

üb

üben, du übst	Du mußt mehr üben!
über	Das Wort *über* begegnet dir oft: Eine schmale Brücke führt über den reißenden Fluß.
über **Über**	Der Wortbaustein über wird sehr häufig gebraucht: übereinander, überfahren, die Überfahrt, überflüssig, übernehmen, die Überraschung, überschlagen, übersichtlich, …
überall	Man sah überall jubelnde Menschen.
überhaupt	Hast du überhaupt schon gegessen?

überlegen | **Um**welt | **U**

    überlegen, du überlegst — Er hat es sich lange überlegt.
    übermorgen — heute → morgen → **übermorgen** → ?
    überqueren, du überquerst — Paß auf, wenn du die Straße überquerst!
die **Überschrift,** die Überschriften — Die meisten Geschichten haben eine Überschrift.

    übrig, übrige
    übrigens — Wir haben übrigens für dich noch ein Stück Torte übriggelassen.
die **Übung,** die Übungen — Übung macht den Meister!

uf

das **Ufer,** die Ufer ⇨ 49 — Eine Fähre brachte uns ans andere Ufer.

uh

die **Uhr,** die Uhren,
    um 12 Uhr ⇨ 97, 188, 189 — das Uhrwerk, der Uhrzeiger, die Taschenuhr, die Sanduhr, die Kuckucksuhr, …

der **Uhu,** die Uhus ⇨ 61 — Der Uhu ist der größte Eulenvogel.

um

    um — Das Wort *um* kann allein stehen:
Eilig bog er um die Ecke, um den Bus, der um neun Uhr abfahren sollte, noch zu erreichen.

    |um| |Um| — Der Wortbaustein |um| begegnet dir oft:
|um|drehen, |um|fallen, |um|her, |um|ständlich, |um|ziehen, der |Um|zug, …

    umkehren, du kehrst um — Laß uns umkehren!
    umkippen, du kippst um
die **Umleitung,** die Umleitungen ⇨ 165
der **Umschlag,** die Umschläge ⇨ 187 — Auf den Briefumschlag gehören eine Briefmarke, die Anschrift und der Absender.
Kalte Umschläge helfen manchmal bei Kopfschmerzen.

die **Umwelt** ⇨ 49 — Über Umweltverschmutzung und Umweltschutz wird viel geredet und geschrieben.

159

U unbedingt — Urlaub

un

|un| |Un| Den Wortbaustein |un| findest du in vielen Wörtern:
aufmerksam — |un|aufmerksam
glücklich — |un|glücklich
schuldig — |un|schuldig
der |Un|fug, das |Un|geheuer, das |Un|geziefer, das |Un|kraut, die |Un|ruhe, …

unbedingt Du mußt mich unbedingt besuchen!
und
der **Unfall,** die Unfälle ⇨ 89, 165   Viele Verkehrsunfälle ließen sich durch mehr Vorsicht und durch mehr Rücksicht verhindern.

ungefähr Wir sind ungefähr zehn Kilometer gewandert.

ungezogen Was ist das Gegenteil von *ungezogen*?
das **Unglück** Er hatte Glück im Unglück.
uns, unser, unserem, unseren   Unser täglich Brot gib uns heute!
unten
unter Das Wort *unter* kann allein stehen:
Die Katze verkroch sich unter dem Sofa.

|unter| |Unter| Den Wortbaustein |unter| findest du oft:
|unter|gehen, der |Unter|gang,
|unter|halten, die |Unter|haltung,
|unter|richten, der |Unter|richt,
|unter|scheiden, der |Unter|schied,
|unter|suchen, die |Unter|suchung, …

der **Unterricht** Morgen fällt der Unterricht aus.
unterscheiden, du unterscheidest
unterwegs

ur

|ur| |Ur| Es gibt nur wenige Wörter mit dem Wortbaustein |ur|:
|ur|alt, die |Ur|kunde, die |Ur|sache, das |Ur|teil, |ur|teilen, der |Ur|wald, …

die **Urgroßeltern** (nur Mehrzahl) ⇨ 93   Die Großeltern meiner Eltern sind meine Urgroßeltern.
der **Urlaub,** die Urlaube ⇨ 121   die Urlaubsreise, die Urlauberin, der Winterurlaub, der Erholungsurlaub, …

*Liebe Uroma!
Schöne Urlaubsgrüße
sendet Dir Martina*

Religionen

das	**Abendmahl**	der	**Glaube**	die	**Moschee**
das	**Allerheiligen**		glauben	das	**Ostern**
das	**Allerseelen**		gläubig	der	**Pastor**
der	**Altar**	der	**Gott**	die	**Pastorin**
der	**Aschermittwoch**	die	**Kapelle**	der	**Pfarrer**
	beten	der	**Karfreitag**	die	**Pfarrerin**
die	**Bibel**		katholisch	das	**Pfingsten**
der	**Christ**	die	**Kirche**		predigen
der	**Engel**	die	**Kommunion**	die	**Predigt**
	evangelisch	die	**Konfirmation**	die	**Taufe**
	feierlich		konfirmieren		taufen
	fromm	der	**Koran**	der	**Tempel**
das	**Gebet**	das	**Kreuz**	das	**Weihnachten**

V

Vase   **ve**rlangen

V

va

die **Vase,** die Vasen
der **Vater,** die Väter ➪ 93

Stell bitte die Blumen in die Vase.
das Vaterhaus, das Vaterland, das Vaterunser, der Stiefvater, der Großvater, väterlich, …

ve

ver   Ver

Der Wortbaustein ver kommt in vielen Wörtern vor: ver abreden, ver abschieden, ver anstalten, ver antwortlich, der Ver band, ver binden, ver bunden, der Ver dienst, ver stauchen, die Ver stauchung, ver wenden, …

das **Verb,** die Verben ➪ 157

Verben werden auch *Tätigkeitswörter, Tunwörter, Tuwörter* oder *Zeitwörter* genannt.

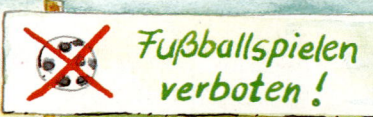

verbieten, du verbietest, sie verbot, er hat verboten
das **Verbot,** die Verbote

Fußballspielen verboten!

der **Verdacht**
    verdienen, du verdienst ➪ 190
der **Verein,** die Vereine

Ein Verdacht ist noch kein Beweis.
Du hast dir eine Belohnung verdient.
Ihr seid ein komischer Verein!
das Vereinsheim, das Vereinsabzeichen, der Sportverein, der Gesangverein, …

die **Vergangenheit**
    vergessen, du vergißt, er vergaß, sie hat vergessen
sich **vergnügen,** du vergnügst dich
    verhindern, du verhinderst
sich **verirren,** du verirrst dich
der **Verkauf,** die Verkäufe ➪ 186, 190
    verkaufen, du verkaufst ➪ 77

Vergangenheit → Gegenwart → Zukunft
Leider habe ich deinen Geburtstag vergessen.
Viel Vergnügen!
Der Unfall war nicht zu verhindern.
Hänsel und Gretel verirrten sich im Wald.
Im Ausverkauf haben Verkäuferinnen und Verkäufer besonders viel zu tun.

der **Verkehr** ➪ 165
    verkehren, du verkehrst

Augen auf im Straßenverkehr!

sich **verkleiden,** du verkleidest dich
    verlangen, du verlangst

Er hatte sich als Zauberer verkleidet.
Wir verlangen unser Geld zurück.

verletzen   viel

verletzen, du verletzt ⇨ 85
sich **verletzen,** du verletzt dich
verlieren, du verlierst, sie verlor, er hat verloren ⇨ 129
der **Verrat**
verraten, du verrätst, sie verriet, er hat verraten
verrückt
versäumen, du versäumst

verschieden

verschwinden, du verschwindest, er verschwand, sie ist verschwunden
die **Verspätung,** die Verspätungen ⇨ 173

versprechen, du versprichst, sie versprach, er hat versprochen
der **Verstand**
verstecken, du versteckst ⇨ 133

verstehen, du verstehst, sie verstand, wir haben verstanden
versuchen, du versuchst

sich **vertragen,** du verträgst dich
verwandeln, du verwandelst

Viele Verletzungen passieren beim Schulsport.

Man muß auch verlieren können!

Wir dürfen das Geheimnis nicht verraten.

Manchmal hat man verrückte Ideen.
Beeil dich! Wir wollen den Anfang nicht versäumen!
Manchmal gibt es verschiedene Möglichkeiten.
Der Zauberer ließ das Kaninchen verschwinden.
Der Zug hatte Verspätung. Er verspätete sich um 20 Minuten.
Was man versprochen hat, muß man auch halten.
Benutze deinen Verstand!
Trenne so: ver-stek-ken
Bleib in deinem Versteck!
Wenn du so leise sprichst, kann ich dich nicht verstehen.
Der Sieg im Weitsprung gelang ihm beim letzten Versuch.
Vertragt euch!
Der Froschkönig verwandelte sich in einen Prinzen.

verwandt ⇨ 93
verzaubern, du verzauberst

der **Vetter,** die Vettern ⇨ 93

Onkel und Tante sind liebe Verwandte.
Die sieben Brüder wurden in Raben verzaubert.
Vettern nennt man auch *Cousins*.

vi

das **Video,** die Videos ⇨ 141

das **Vieh** (nur Einzahl) ⇨ 69

viel, mehr, am meisten

Zur Herstellung eines Videofilms braucht man eine Videokamera, und zur Vorführung einer Videoaufnahme benötigt man einen Videorecorder.
die Viehzucht, der Viehtransport, das Federvieh, das Milchvieh, ...
Das Gegenteil von *viel* ist *wenig*.
Viel Spaß! Viele Grüße! Vielen Dank!

V | vielleicht · Vulkan

vielleicht
vier, vierzehn, vierzig, vierhundert, viermal

das **Vitamin,** die Vitamine

Der Winter ist die vierte Jahreszeit.
Die Kinder zeichnen ein viereckiges Spielfeld auf die Straße.
Vitamine sind lebenswichtige Wirkstoffe.

vo | vö

der **Vogel,** die Vögel

der **Vokal,** die Vokale ➪ 157
das **Volk,** die Völker
voll ➪ 189

das Vogelnest, der Vogelschutz, der Greifvogel, der Zugvogel, …
Vokale heißen auch *Selbstlaute*.

die Vollmilch, das Vollkornbrot, der Vollmond, der Volltreffer, vollständig, vollzählig, hoffnungsvoll, sorgenvoll, …

völlig
vom (für: von dem)
von
vor

Philipp fiel völlig überraschend vom Pferd.

Wartet bitte vor dem Eingang!
Seid bitte vor acht Uhr da!

|vor| |Vor|

|voran|
|vorbei|
|vorher|

Der Wortbaustein |vor| kommt häufig vor:
das |Vor|bild, |vor|bildlich, die |Vor|fahrt, der |Vor|hang, |vor|lesen, |vor|nehm, der |Vor|rat, |vor|stellen, …
Trenne so: vor-an, vor-bei, vor-her, …
Mit diesen Wörtern kannst du viele zusammengesetzte Wörter bilden:
|voran|kommen, |vorbei|kommen, |vorher|sagen, …

der **Vormittag,** die Vormittage
vormittags

Vormittag → Mittag → Nachmittag → ?
Diese Zeitangabe wird klein geschrieben: Wir sind *vormittags* meistens in der Schule.

vorn (auch: vorne)
der **Vorschlag,** die Vorschläge

die **Vorsicht**
vorsichtig
vorwärts

Du mußt noch einmal von vorne anfangen.
Dein Vorschlag wurde einstimmig angenommen.

Er packte das Geschenk vorsichtig aus.
Unser Auto war im Stau so eingekeilt, daß wir weder vorwärts noch rückwärts fahren konnten.

vu

der **Vulkan,** die Vulkane

Vulkane sind feuerspeiende Berge.

An der Kreuzung

die **Ampel**	die **Kurve**	die **Stadt**
das **Auto**	der **Lastkraftwagen**	das **Stoppschild**
der **Autofahrer**	die **Laterne**	die **Straße**
der **Bagger**	der **Markt**	das **Taxi**
die **Baustelle**	das **Moped**	die **Umleitung**
der **Bus**	das **Motorrad**	der **Unfall**
das **Fahrrad**	der **Omnibus**	der **Verkehr**
der **Fußgänger**	das **Pflaster**	der **Verkehrspolizist**
die **Gasse**	die **Polizei**	das **Verkehrsschild**
die **Haltestelle**	der **Polizist**	die **Vorfahrt**
das **Haus**	die **Polizistin**	der **Weg**
der **Kran**	der **Radfahrer**	der **Zebrastreifen**

W

Waage — was

W

wa

die **Waage,** die Waagen ⇨ 189
wach — Ich bin mitten in der Nacht wach geworden.
die **Wache,** die Wachen — die Wachmannschaft, der Nachtwächter, die Brandwache, bewachen, ...
wachen, du wachst
wachsen, du wächst, sie wuchs, er ist gewachsen ⇨ 53, 57, 65, 113 — Die Bienenkönigin wächst in einer großen Zelle heran.
wackeln, du wackelst — Vorsicht! Die Lampe hat einen Wackelkontakt!
Trenne so: wak-keln

die **Waffe,** die Waffen
der **Wagen,** die Wagen
wählen, du wählst ⇨ 187 — Entschuldigung! Ich habe die falsche Nummer gewählt.
wahr — Ist das wirklich wahr?
während — Die Kinder deckten leise den Tisch, während ihre Eltern noch schliefen.
die **Wahrheit,** die Wahrheiten — Sag bitte die Wahrheit!
wahrscheinlich — Wir werden wahrscheinlich umziehen müssen.
der **Wal,** die Wale — Wale sind die größten Säugetiere.

der **Wald,** die Wälder ⇨ 49, 57, 65 — der Waldrand, der Waldweg, der Nadelwald, der Regenwald, ...
die **Wand,** die Wände ⇨ 97 — Wir haben alle Wände mit Rauhfaser tapeziert.
wandern, du wanderst ⇨ 49, 57, 121 — An unserem nächsten Wandertag machen wir eine Harzwanderung.
wann — Wann hast du Geburtstag?
die **Wanne,** die Wannen — In unserer Badewanne kann man sich auch duschen.
war, waren, wäre (von: sein) — Du warst von Anfang an dabei.
die **Ware,** die Waren ⇨ 186, 190
warm, wärmer, am wärmsten ⇨ 45, 189 — Es wird immer wärmer.
die **Wärme** (nur Einzahl) ⇨ 45 — Ich kann zuviel Wärme nicht vertragen.
warnen, du warnst
warten, du wartest — Tagelang haben wir auf Sonne gewartet.
warum — Trenne so: war-um
was — Ich sehe was, was du nicht siehst, ...

waschen　　　　　　　　　　　　　weinen

waschen, du wäschst, er wusch, sie hat gewaschen

Früher mußte man die Wäsche mit der Hand waschen. Heute wäscht die Waschmaschine.

das **Wasser** ⇨ 49

Wasser kocht und verdampft bei 100 Grad und wird bei 0 Grad zu Eis.

we

wechseln, du wechselst

Wollen wir die Plätze wechseln?

der **Wecker,** die Wecker

Er wurde durch den Wecker aus tiefem Schlaf geweckt.
Trenne so: Wek-ker

weder

Ich sage dazu weder ja noch nein.

weg

Weg da!　　Mach, daß du wegkommst!

|weg|

Der Wortbaustein |weg| kommt häufig vor: |weg|fahren, |weg|fliegen, |weg|gehen, |weg|laufen, |weg|nehmen, ...

der **Weg,** die Wege ⇨ 165

der Wegweiser, die Wegstrecke, der Wanderweg, der Radweg, ...

wegen

Du brauchst dir wegen des Zeugnisses keine Sorgen zu machen.

weh

jmd. **wehtun,** du tust dir weh

Er wollte ihr nicht wehtun.
Es hat ihr auch nicht wehgetan.

sich **wehren,** du wehrst dich

Wer sich nicht wehren kann, ist wehrlos.

weich

Das Gegenteil von *weich* ist *hart*.

die **Weihnacht** (auch: das Weihnachten) ⇨ 161

Zur Weihnachtszeit werden Weihnachtsgeschenke, Weihnachtsbäume und weihnachtlicher Schmuck gekauft. Dabei wird die Weihnachtsgeschichte oft vergessen.

weil

Ich singe, weil es mir Spaß macht.

eine **Weile**

Warte nur ein Weilchen!
Eile mit Weile!

der **Wein,** die Weine

der Weinbau, der Weinberg, die Weinrebe, die Weintraube, der Rotwein, der Gänsewein, ...

weinen, du weinst

Du brauchst nicht zu weinen.

W | weise — Wetter

weise	In der Fabel ist die Eule klug und weise.
weiß	
weit ⇨ 189	Es war weit und breit niemand zu sehen.
weiter	Mach weiter so!
weiter	Das Wort weiter gibt es auch als Wortbaustein: weiter gehen, weiter fahren, …
der **Weizen** ⇨ 53	Viele Nahrungsmittel werden aus Weizenmehl hergestellt.
welche, welcher, welches	Sage mir bitte, welche Sachen du anziehen willst!
die **Welle,** die Wellen ⇨ 121	An unserem Urlaubsort gab es auch ein Wellenbad.
der **Wellensittich,** die Wellensittiche	Manche Wellensittiche können ein wenig sprechen.
die **Welt,** die Welten ⇨ 41	das Weltall, der Weltraum, der Weltrekord, der Weltkrieg, die Umwelt, …
wem	Von wem hast du den Brief?
wen	An wen willst du schreiben?
wenden, du wendest	Das Heu wird gewendet, damit es schneller trocknet.
wenig	Das Gegenteil von *wenig* ist *viel*.
wenigstens	Trenne so: wenig-stens
	Hilf mir wenigstens beim Aufräumen!
wenn	Die Arbeit macht mehr Spaß, wenn man Hilfe hat.
wer	Weißt du, wer uns noch helfen kann?
die **Werbung** ⇨ 141, 186	Für *Werbung* kann man auch *Reklame* sagen.
werden, du wirst, er wurde, sie ist geworden	Iß, damit du groß und stark wirst!
werfen, du wirfst, er warf, sie hat geworfen ⇨ 137	Auf dem Schulhof dürfen wir nicht mit Schneebällen werfen.
das **Werk,** die Werke	die Werkstatt, das Werkzeug, das Uhrwerk, das Sägewerk, das Kraftwerk, …
der **Wert,** die Werte	Welchen Wert hat diese Marke?
wert	Deine Briefmarkensammlung ist nicht viel wert.
der **Westen,** im Westen	Trenne so: We-sten
wetten, du wettest	Wollen wir wetten?
das **Wetter** ⇨ 45	der Wetterbericht, die Wetterkarte, das Unwetter, das Urlaubswetter, …

Das Fahrrad

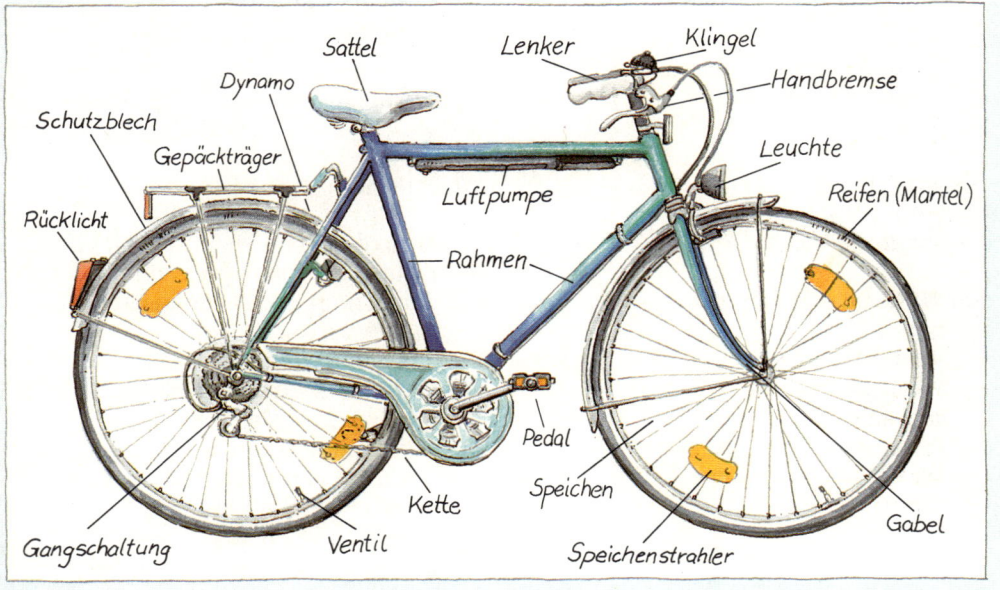

Labels on bicycle diagram: Sattel, Lenker, Klingel, Dynamo, Handbremse, Schutzblech, Gepäckträger, Leuchte, Rücklicht, Luftpumpe, Reifen (Mantel), Rahmen, Pedal, Gangschaltung, Ventil, Kette, Speichen, Speichenstrahler, Gabel

die **Beleuchtung**	das **Laufrad**	**rasen**
das **BMX-Rad**	**lenken**	das **Rennrad**
die **Bremse**	das **Licht**	**reparieren**
bremsen	das **Mountainbike**	der **Rücktritt**
einbiegen	die **Nabe**	der **Scheinwerfer**
einordnen	**ölen**	**schieben**
der **Fahrradständer**	der **Plattfuß**	der **Schlauch**
flicken	**putzen**	die **Schlußleuchte**
das **Flickzeug**	das **Rad**	**stürzen**
freihändig	**radeln**	**treten**
das **Hochrad**	**radfahren**	das **Tretlager**
der **Kettenschutz**	die **Radfahrprüfung**	der **Tretstrahler**
klingeln	die **Radtour**	**umsehen**
die **Lampe**	der **Radweg**	**vorbeifahren**

W wichtig — wohl

wi

wichtig	Das ist nicht so wichtig.
wickeln, du wickelst	Das Baby muß gewickelt werden. Trenne so: wik-keln
wider	Du sollst nicht wider sprechen!
wie	Ich weiß nicht, wie spät es ist.
wieder	Sie kam wieder zu spät.
wieder	Das Wort wieder ist auch ein Wortbaustein: wieder holen, wieder kommen, wieder sehen, …
wiegen, du wiegst, sie wog, er hat gewogen ⇨ 189	Das Paket muß noch gewogen werden.
die **Wiese,** die Wiesen ⇨ 49	Was unterscheidet eine *Wiese* vom *Rasen*?
wieso	
wieviel	Weißt du, wieviel Sternlein stehen …?
wild	
der **Wind,** die Winde ⇨ 45	In welchem Märchen heißt es: der Wind, der Wind, das himmlische Kind?
der **Winter,** die Winter, im Winter ⇨ 188	der Wintersport, die Winterkleidung, …
wir	
wird (von: werden)	Es wird schon werden!
wirken, du wirkst	Das Medikament hat schnell gewirkt.
wirklich	Meinst du das wirklich?
der **Wirt,** die Wirte	Seit der neue Wirt und die neue Wirtin da
die **Wirtin,** die Wirtinnen	sind, ist die Gastwirtschaft gut besucht.

Gartenwirtschaft geöffnet

wischen, du wischst ⇨ 109	Wer wischt die Tafel?
wissen, du weißt, sie wußte, er hat gewußt	Niemand kann alles wissen.
der **Witz,** die Witze	Kennst du den Witz von Onkel Fritz?

wo wö

wo	
die **Woche,** die Wochen ⇨ 188	Die Woche hat sieben Tage, das sind 168 Stunden oder 10 080 Minuten.
wofür	
woher	Niemand wußte, woher er kam und wohin
wohin	er wollte.
wohl	Du machst wohl Witze? Mir ist nicht wohl.

wohnen   zahlreich   Z

    wohnen, du wohnst
die **Wohnung,** die Wohnungen ⇨ 97   In unserer Wohnung ist das Wohnzimmer der größte Raum.
🅣 der **Wolf,** die Wölfe ⇨ 73   Heute gibt es Wölfe bei uns nur im Tierpark.
die **Wolke,** die Wolken ⇨ 45   Warum heißt der Wolkenkratzer so?
die **Wolle,** die Wollen

Reine Schurwolle

    wollen, du willst, sie wollte, er hat gewollt   Ich habe das nicht gewollt!
das **Wort,** die Wörter ⇨ 157   Dieser Satz hat fünf Wörter.
das **Wort,** die Worte   Ich will nicht viele Worte machen.
das **Wörterbuch,** die Wörterbücher ⇨ 157   In diesem Wörterbuch findest du viele wichtige Wörter und Hinweise.

wu   wü

die **Wunde,** die Wunden ⇨ 85   Die Wunde mußte genäht werden.
das **Wunder,** die Wunder   In der Bibel wird auch von Wundern erzählt.
sich **wundern,** du wunderst dich   Du brauchst dich nicht zu wundern.
    wünschen, du wünschst ⇨ 125   Wir wünschen dir, daß dein Wunsch in Erfüllung geht.
der **Würfel,** die Würfel ⇨ 129
    würfeln, du würfelst   Wer zuerst eine Sechs würfelt, fängt an.
der **Wurm,** die Würmer ⇨ 61   Regenwürmer lockern den Boden auf.
die **Wurst,** die Würste ⇨ 105   Trenne so: Wür-ste
das **Würstchen,** die Würstchen ⇨ 125   Trenne so: Würst-chen
die **Wurzel,** die Wurzeln ⇨ 57, 65   Der Sturm hat viele Bäume entwurzelt.

die **Wut**
    wütend   Ich kann verstehen, daß du wütend bist.

Z

za

    zäh   Das Fleisch war ziemlich zäh.
die **Zahl,** die Zahlen
    zahlen, du zahlst   Herr Ober, ich möchte gern zahlen!
    zählen, du zählst ⇨ 189   Wenn du bis zehn gezählt hast, kannst du kommen.

    zahlreich

Z | Zahn   ziemlich

🅣 der **Zahn,** die Zähne ⇨ 81

der **Zahnarzt,** die Zahnärzte ⇨ 85
die **Zahnärztin,** die Zahnärztinnen ⇨ 85
die **Zange,** die Zangen ⇨ 109
   zanken, du zankst ⇨ 129
   zaubern, du zauberst ⇨ 129

die Zahnbürste, die Zahnpasta,
der Milchzahn, der Backenzahn, …

Warum habt ihr euch gezankt?
Der Zauberer zaubert mit dem Zauberstab.

der **Zaun,** die Zäune ⇨ 113

der Zaunkönig, der Zaunpfahl,
der Lattenzaun, der Gartenzaun, …

ze

der **Zeh,** die Zehen ⇨ 81
   zehn, zehntausend, zehnmal
das **Zeichen,** die Zeichen
   zeichnen, du zeichnest ⇨ 149, 153
   zeigen, du zeigst

die **Zeit,** die Zeiten ⇨ 137, 188
die **Zeitschrift,** die Zeitschriften ⇨ 145
die **Zeitung,** die Zeitungen ⇨ 149
das **Zeitwort,** die Zeitwörter ⇨ 157
das **Zelt,** die Zelte ⇨ 121
der **Zentimeter,** die Zentimeter ⇨ 189
der **Zentner,** die Zentner ⇨ 189

zer

der **Zettel,** die Zettel

das **Zeug**

das **Zeugnis,** die Zeugnisse ⇨ 153

Wir schlichen auf Zehenspitzen davon.
Der zehnte Teil von fünfzig ist fünf.
Er gab das Startzeichen.

Du hast mir deine Zeichnung noch nicht gezeigt.
Ich habe heute keine Zeit.

Das *Zeitwort* heißt auch *Verb.*
Im Sommer haben wir im Garten gezeltet.
Abkürzung: *cm*
Wir haben zwei Zentner Kartoffeln eingekellert.
Der Wortbaustein zer kommt selten vor:
zer brechen, zer reißen, …
der Zettelkasten, der Notizzettel,
der Merkzettel, der Einkaufszettel, …
das Flickzeug, das Spielzeug,
das Strickzeug, das Werkzeug, …
Jeder wünscht sich ein gutes Zeugnis.

zi

die **Ziege,** die Ziegen ⇨ 69
   ziehen, du ziehst, er zog,
   sie hat gezogen
das **Ziel,** die Ziele ⇨ 137
   ziemlich

Die Kutsche wurde von vier Pferden gezogen.

Ich finde dein Verhalten ziemlich albern.

172

Verkehrsmittel

die **Abfahrt**	der **Fahrplan**	der **Motor**
die **Ankunft**	der **Fluggast**	die **Panne**
das **Auto**	der **Flughafen**	der **Passagier**
die **Autobahn**	das **Flugzeug**	der **Pilot**
der **Bahnhof**	die **Fracht**	die **Reparatur**
der **Bahnsteig**	das **Gleis**	die **Schiene**
der **Ballon**	der **Hafen**	das **Schiff**
das **Benzin**	der **Hubschrauber**	das **Segel**
das **Boot**	der **Kahn**	das **Signal**
die **Bremse**	der **Kapitän**	die **Startbahn**
der **Dampfer**	der **Kran**	das **Steuer**
das **Dock**	die **Landebahn**	die **Tankstelle**
die **Eisenbahn**	die **Lokomotive**	der **Tunnel**
die **Fähre**	die **Maschine**	die **Verspätung**
der **Fahrgast**	der **Matrose**	der **Zug**

Z | Zigarette　　　　　　　　　　　　Zunge

die **Zigarette,** die Zigaretten

das **Zimmer,** die Zimmer ➪ 97
der **Zirkus,** die Zirkusse ➪ 149

Den Rauch von Zigarren und Zigaretten kann ich nicht vertragen.

der Zirkusclown, das Zirkuszelt,
der Wanderzirkus, der Flohzirkus, …

zittern, du zitterst

Ihre Stimme zitterte vor Aufregung.

zo

der **Zoo,** die Zoos ➪ 73
der **Zopf,** die Zöpfe

der **Zorn**
zornig

Den Zoo nennt man auch Tierpark.
Früher trugen fast alle Mädchen lange Zöpfe.
Trenne so: Zöp-fe
Sie war außer sich vor Zorn.

zt

Ztr.

Abkürzung für Zentner

zu

zu

 zu   Zu

der **Zucker** ➪ 101

zuerst
zufrieden
🛈 der **Zug,** die Züge ➪ 173
die **Zukunft**
zuletzt
zum (für: zu dem)
die **Zunge,** die Zungen ➪ 81

Das Wort zu kann allein stehen:
Komm zu mir! Ich habe viel zu tun.
Der Wortbaustein zu kommt oft vor:
 zu decken, der Zu fall, zu geben,
 zu gleich, zu gucken, zu hören, die
 Zu hörerin, zu machen, zu mindest,
 zu nächst, zu nehmen, zu sehen, …
Trenne so: Zuk-ker
Zucker kann aus Zuckerrüben oder aus Zuckerrohr hergestellt werden.
Das Gegenteil von zuerst ist zuletzt.
Ich bin mit eurer Leistung zufrieden.

Vergangenheit → Gegenwart → **Zukunft**
Wer zuletzt geht, macht das Licht aus!

Darf man dem Arzt die Zunge herausstrecken?

| zur | zwölf |

zur (für: zu der)
zurück — Er kam zurück, um den Schlüssel zurückzugeben.
zurück — Das Wort zurück kann auch Wortbaustein sein: zurückgeben, zurückgehen, zurückkommen, …

zusammen — Wollen wir zusammen spielen?
zusammen — Das Wort zusammen kann auch Wortbaustein sein: zusammenkommen, zusammenstoßen, zusammentragen, …

zuviel — Besser zuviel als zuwenig!

zw

zwanzig, zwanzigmal — Heute ist der zwanzigste Sonnentag seit Sommeranfang.
zwar — Es ist zwar schon dunkel, aber wir gehen noch nicht nach Hause.
Sie hatte frisches Obst gekauft, und zwar Äpfel, Birnen und Pflaumen.
der **Zweck,** die Zwecke — Es hat wenig Zweck zu streiten.
Trenne so: Zwek-ke
zwei, zweiundzwanzig, zweihundert, zweimal — Das Gedicht steht auf der zweiten Seite.
der **Zwerg,** die Zwerge ⇨ 145
die **Zwiebel,** die Zwiebeln ⇨ 77 — der Zwiebelschneider, die Zwiebelschale, die Tulpenzwiebel, die Küchenzwiebel, …
zwischen — Zwischen zwei Zwetschgenzweigen zwitschern zwei Schwalben.
zwischendurch
zwölf, zwölfhundert, zwölftausend, zwölfmal — Welcher ist der zwölfte Monat?

Stadt - Land - allerhand

Tiere	Pflanzen	Berufe	Was ich mag
Biene	Birke	Busfahrer	Badewetter
Katze	Kastanie	Konditor	Kirschmarmelade
Koralle	Kirschen	Kontrolleur	
Ferkel	Fichte	Förster	Faulheit
Forelle		Fußball-spieler	Fernseher

① Wähle einen Partner oder eine Partnerin. Dein Spielpartner sagt in Gedanken das Alphabet auf. Wenn du „Stopp!" sagst, nennt er den zuletzt gedachten Buchstaben. Nun sucht ihr gemeinsam zu diesem Buchstaben Namenwörter.
Dabei kann euch das Wörterbuch helfen.

② Ihr könnt auch ganz andere Oberbegriffe in den Tabellenkopf eintragen, z. B. Spielsachen, Flüsse, Nahrungsmittel usw.

③ Das Spiel wird schwieriger, wenn ihr Wortarten als Oberbegriffe wählt.

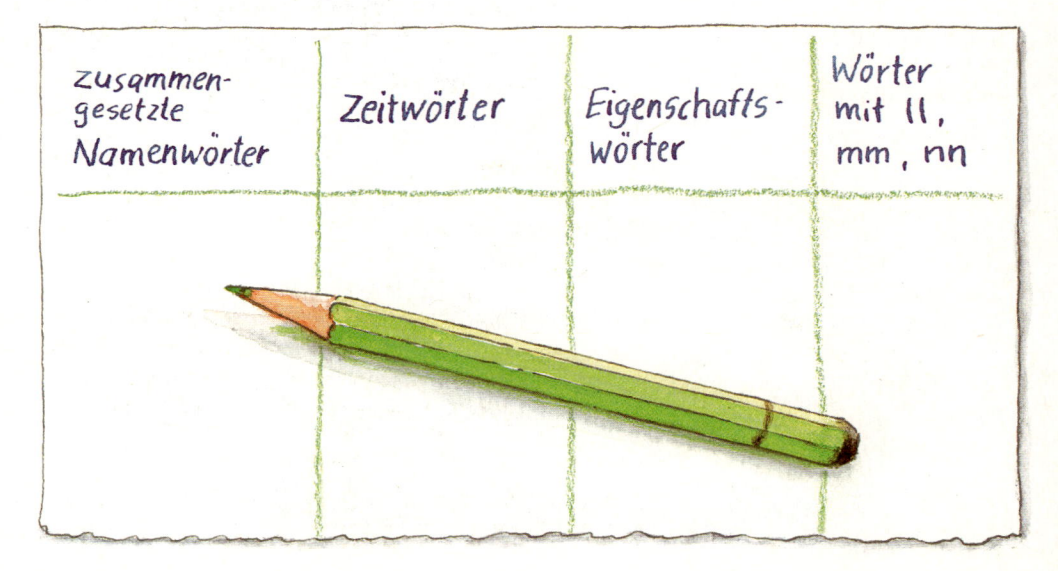

zusammen-gesetzte Namenwörter	Zeitwörter	Eigenschafts-wörter	Wörter mit ll, mm, nn

Rumpelkammer

① Suche die zehn Gegenstände, deren Name mit einem **B** beginnt.
Schreibe die Namen mit Begleiter auf.

② Zu welchen Namen findest du zusammengesetzte Namenwörter im Wörterbuch?
Schreibe die zusammengesetzten Namenwörter auf.

③ In der Rumpelkammer findest du einen Gegenstand, mit dem du die Wohnung
reinigen kannst. Suche auf Seite 109 fünf weitere Haushaltsgeräte
und schreibe die Namen auf.

④ Male eine Rumpelkammer zum Buchstaben **R** und laß deinen Partner oder deine
Partnerin die Namen der Gegenstände suchen.

Alles aus deinem Namen

① Schreibe die Buchstaben deines Vornamens untereinander.
Suche zu jedem Buchstaben ein Wort. Das Wörterbuch kann dir dabei helfen.

H	Hund
E	essen
I	Insel
K	kalt
E	Esel

Y	Ypsilon
V	Veilchen
O	Ofen
N	neun
N	Nachmittag
E	erlauben

S	Sonntag
A	alt
S	sieben
C	Camping
H	Herz
A	anfangen

② Schwieriger wird das Spiel, wenn du nur Wörter der gleichen Wortart verwendest.

S	Sonne
A	Acker
S	Schule
C	Cola
H	Haus
A	Adler

S	singen
A	anfangen
S	schwimmen
C	campen
H	hören
A	atmen

S	schön
A	alt
S	sauer
C	chinesisch
H	hart
A	artig

③ Bei einigen Buchstaben, z. B. bei **C** oder **Y,** ist es schwer, Wörter zu finden. Wenn dir nichts einfällt und auch das Wörterbuch nicht helfen kann, dann laß den Buchstaben aus.

④ Versuche einmal, nur Namen von Tieren, Pflanzen, Spielsachen, Lebensmitteln usw. zu verwenden. Dabei können dir die Sachtafeln helfen.

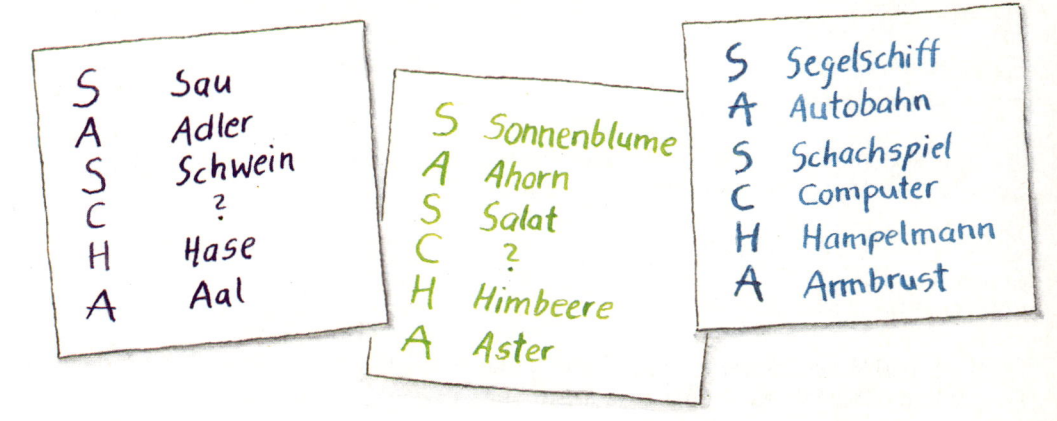

S	Sau
A	Adler
S	Schwein
C	?
H	Hase
A	Aal

S	Sonnenblume
A	Ahorn
S	Salat
C	?
H	Himbeere
A	Aster

S	Segelschiff
A	Autobahn
S	Schachspiel
C	Computer
H	Hampelmann
A	Armbrust

Das Silbenspiel

① Einige dich mit deinem Partner oder deiner Partnerin auf einen Buchstaben des Alphabets. Beide Spielpartner suchen nun zu diesem Buchstaben im Wörterbuch ein einsilbiges, ein zweisilbiges, ein dreisilbiges Wort usw.

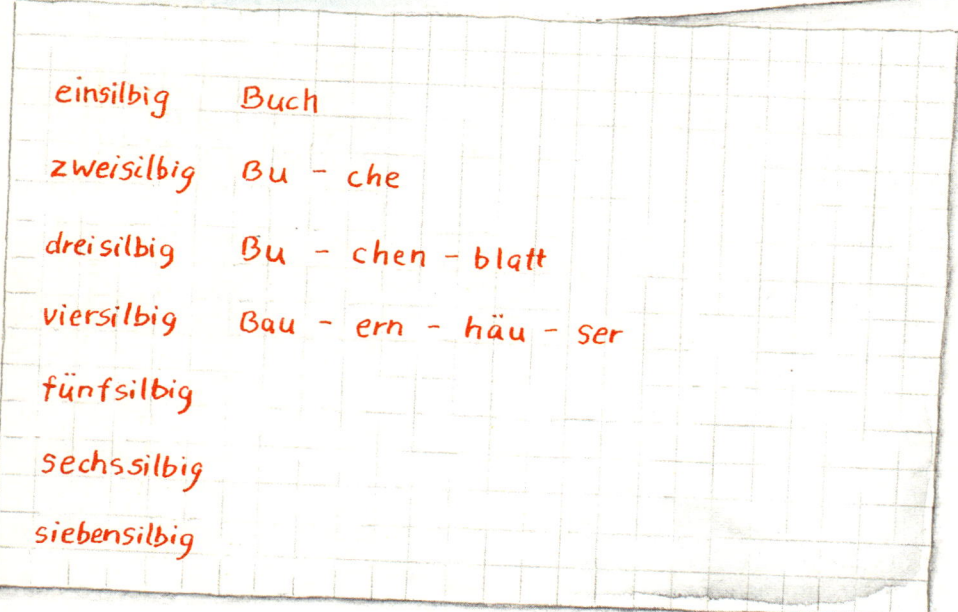

einsilbig	acht
zweisilbig	Af - fe
dreisilbig	Af - ri - ka
viersilbig	Ak - kor - de - on
fünfsilbig	Al - ler - hei - li - gen
sechssilbig	An - fangs - groß - buch - sta - be
siebensilbig	

einsilbig	Buch
zweisilbig	Bu - che
dreisilbig	Bu - chen - blatt
viersilbig	Bau - ern - häu - ser
fünfsilbig	
sechssilbig	
siebensilbig	

<u>Achtung</u>: Die Kette darf nicht abreißen.
Ihr dürft dazu die Wörter auch verändern, zusammensetzen usw.

Leuchtreklame

Das hast du sicher auch schon einmal gesehen:
Bei einer Leuchtreklame sind einzelne Buchstaben kaputt und leuchten nicht.
Aus

KINDERKLEIDUNG

wird dann

KINDERKLEIDUNG

oder

KINDERKLEIDUNG

oder

KINDERKLEIDUNG

usw.

① Aus LICHTSPIELTHEATER kannst du sogar einen ganzen Satz bilden. Wie heißt er?

② Versuche, aus den zusammengesetzten Namenwörtern WEIHNACHTSMARKT und HAUSHALTSWAREN möglichst viele Wörter zu bilden. Dabei darfst du die Reihenfolge der Buchstaben nicht verändern.

③ Suche ein möglichst langes LEUCHTREKLAMEWORT und laß deinen Partner oder deine Partnerin entdecken, welche Wörter sich darin verstecken.

Wörterhand

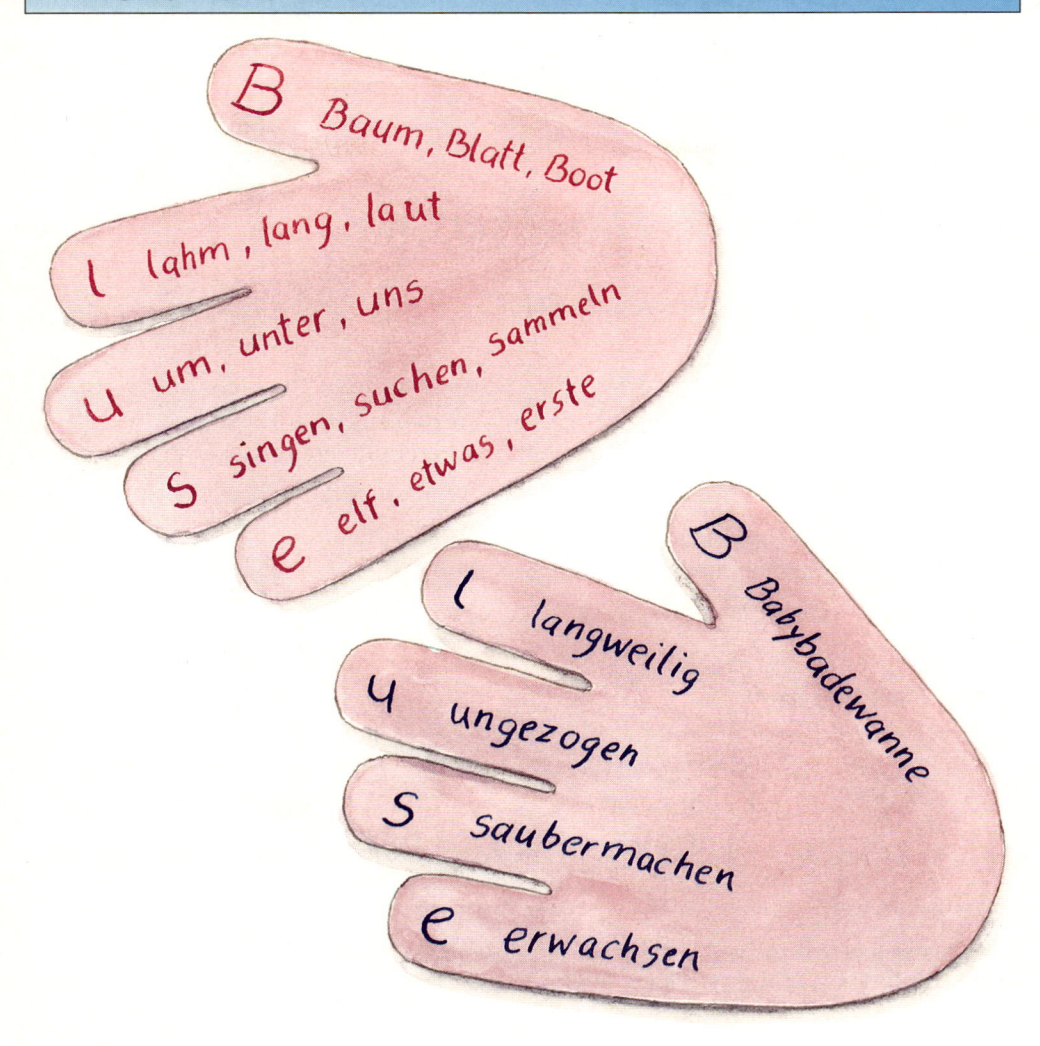

B Baum, Blatt, Boot
l lahm, lang, laut
u um, unter, uns
s singen, suchen, sammeln
e elf, etwas, erste

B Babybadewanne
l langweilig
u ungezogen
s saubermachen
e erwachsen

① Einige dich mit deinem Partner oder deiner Partnerin auf ein Namenwort mit fünf Buchstaben, z. B. BLUSE. Schreibt die Buchstaben des Wortes untereinander.

② Sucht zu jedem Buchstaben drei Wörter. Dabei kann das Wörterbuch helfen.

③ Schwieriger wird das Spiel, wenn ihr das Namenwort mit Groß- und Kleinbuchstaben untereinander schreibt. Dann dürft ihr nur zum Anfangsbuchstaben Namenwörter aufschreiben.

④ Ihr könnt euch darauf einigen, möglichst kurze oder möglichst lange Wörter zu finden. Wenn ihr nur sehr selten gebrauchte Wörter aufschreibt, wird das Spiel schwieriger.

Leider lausig lange Leitung

L-Sätze

> Los, lauf los!
>
> Lothar lutscht lustige Lutscher.
>
> Lerne lieber leise Lieder.

① Wähle dir einen Buchstaben aus und schreibe einen Satz auf.
Alle Wörter deines Satzes müssen mit dem gleichen Buchstaben beginnen.
Das Wörterbuch hilft dir dabei.

② Schreibe deinen Satz als Rätsel für deinen Partner auf.
Laß dabei den Anfangsbuchstaben bei jedem Wort weg.

_raune _ürsten _ürsten _esser.

Essen Esel Erbsen?

> Elf ernste Elefanten ernten eifrig Eichenlaub.

① Schlage das Wörterbuch irgendwo auf, z. B. beim Buchstaben **E**. Versuche nun, einen vollständigen Satz zu bilden, in dem nur E-Wörter vorkommen dürfen.

Der Esel frißt Gras

> Die Eltern finden große Hilfe in ...

① Beginne deinen Satz mit dem bestimmten Begleiter (Artikel) *der, die* oder *das*.
Jedes anschließende Wort muß mit dem im ABC folgenden Buchstaben beginnen, also mit **E, F, G,** ...

Nur im Wörterbuch

Im Wörterbuch kommt erst der Dienstag und dann der Montag.

kommt erst der April und dann der	OPA
kommt erst der Enkel und dann der	MÄRZ
kommt erst die Frucht und dann der	JANUAR
kommt erst das Abendessen und dann das	SAMEN
kommt erst der Februar und dann der	FRÜHSTÜCK
kommt erst der Sohn und dann der	SONNE
kommt erst der Mond und dann die	VATER
kommt erst das Ei und dann die	KELLER
kommt erst die Nacht und dann der	HENNE
kommt erst das Dach und dann der	TAG
kommt erst der Ausgang und dann der	DIEB
kommt erst der Detektiv und dann der	EINGANG
kommt erst der Kern und dann die	PANNE
kommt erst der Arzt und dann die	KIRSCHE
kommt erst die Hilfe und dann die	KRANKHEIT
kommt erst das Pflaster und dann die	SONNE
kommt erst der Planet und dann die	WUNDE
kommt erst die Lösung und dann das	KNOSPE
kommt erst die Ankunft und dann die	PROBLEM
kommt erst die Blüte und dann die	REISE
kommt erst die Reparatur und dann der	SEPTEMBER
kommt erst der Oktober und dann der	UNFALL

① Vervollständige die Sätze. Die Lösungshilfen geben dir Hinweise.
Vergleiche deine Sätze mit den Lösungen deines Nachbarn oder deiner Nachbarin.

② Schreibe ähnliche Rätselsätze auf. Diesmal soll die Reihenfolge stimmen.
Auch im Wörterbuch kommt erst (Gras/Heu), (Herbst/Winter), (August/September), (Getreide/Mehl), (Ostern/Pfingsten), (Prüfung/Zeugnis), . . .

Versteckte Tiere

Es gibt ein Tier, das versteckt sich im GRABEN.

das geht nie in RENTE.

das klettert auf der GIRAFFE.

das trinkt gern KIRSCHWEIN.

das mag keine LEBER.

das zählt bis EINHUNDERT.

das schwimmt in der SAALE.

das verschmäht keinen SCHMAUS.

das spaziert nie im WALD.

das heißt selten BÄRBEL.

das steckt voller FLAUSEN.

das frißt gern AMEISEN.

das hat nicht gern BEULEN.

das war noch nie in BIBERACH.

das sammelt silberne KELCHE.

das frißt gern EIGELB.

① Schreibe so: Im Graben versteckt sich ein Rabe.
  In der Rente versteckt sich . . .

② Verstecke selber Tiere.
Der Affe kann sich in der Karaffe, im Schlaraffenland, im Schaffell usw. verstecken.

Spiele mit den Sachtafeln

① Wähle eine Sachtafel aus und überlege dir für deinen Partner oder deine Partnerin Fragen zu dieser Sachtafel.

Beispiel: Tafel 61 <u>Tiere des Waldes</u>

Wie heißen die Tiere, die ein Fell haben?
Wie heißen die Tiere, die Flügel haben?
Welche Tiere haben einen Schwanz?
Welche Tiere bauen ein Nest?
Welche Tiere leben unter der Erde?

② Du kannst auch zu allen Tiernamen die Mehrzahlform aufschreiben. Schlag im Wörterbuch nach, ob du alles richtig geschrieben hast.

Beispiel: Tafel 73 <u>Im Zoo</u>

Das Tier, auf dem die anderen reiten, hat die Vorderbeine vom ???, die Hinterbeine vom ???, den Hals von der ???, den Kopf vom ???

Der Vogel hat den Schnabel vom ???, den Hals vom ???, die Flügel vom ???, die Füße vom ???, den Schwanz vom ???

③ Wie viele Tiere sind auf diesem Bild versteckt?

④ Finde einen Namen für die „Zoomusikanten".

Beispiel: Tafel 101 <u>In der Küche</u>

Wohin gehören die Waren?
In den Kühlschrank ...
In den Vorratsschrank ...
In den Keller ...
Ins Badezimmer ...

⑤ Wohin würdest du die leeren Flaschen bringen?

Beispiel: Tafel 186 <u>Im Supermarkt</u>

⑥ Du hast zwanzig Mark und sollst fürs Abendessen einkaufen. Was würdest du in diesem Supermarkt alles kaufen? Schreibe einen Einkaufszettel.

Im Supermarkt

	anbieten	das	Geschäft	die	Packung
das	Angebot	die	Getränke	der	Parkplatz
die	Backwaren	die	Kasse	die	Plastiktüte
die	Bedienung		kaufen	das	Preisschild
	billig	die	Konserven		preiswert
	einkaufen	die	Kosten	das	Regal
der	Einkaufskorb	die	Kühltruhe	die	Reklame
der	Einkaufswagen	der	Kunde	das	Sonderangebot
der	Einkaufszettel	die	Kundin	der	Supermarkt
	einpacken	der	Laden	die	Tüte
die	Fleischwaren	die	Lebensmittel	die	Verpackung
	frisch	die	Nahrungsmittel	die	Ware
das	Gemüse	das	Obst	die	Werbung

Auf der Post

der **Absender**	die **Kasse**	**schreiben**
die **Adresse**	**kleben**	**senden**
adressieren	**leeren**	**sparen**
anrufen	das **Päckchen**	**stempeln**
die **Anschrift**	das **Paket**	das **Telefon**
der **Brief**	das **Porto**	das **Telefonbuch**
der **Briefkasten**	das **Postamt**	**telefonieren**
die **Briefmarke**	die **Postbeamtin**	die **Telefonzelle**
die **Drucksache**	die **Postkarte**	das **Telegramm**
empfangen	die **Postleitzahl**	der **Umschlag**
der **Empfänger**	das **Postsparbuch**	die **Verbindung**
frankieren	der **Schalter**	**verpacken**
die **Gebühr**	**schicken**	**wählen**

Jahr und Tag

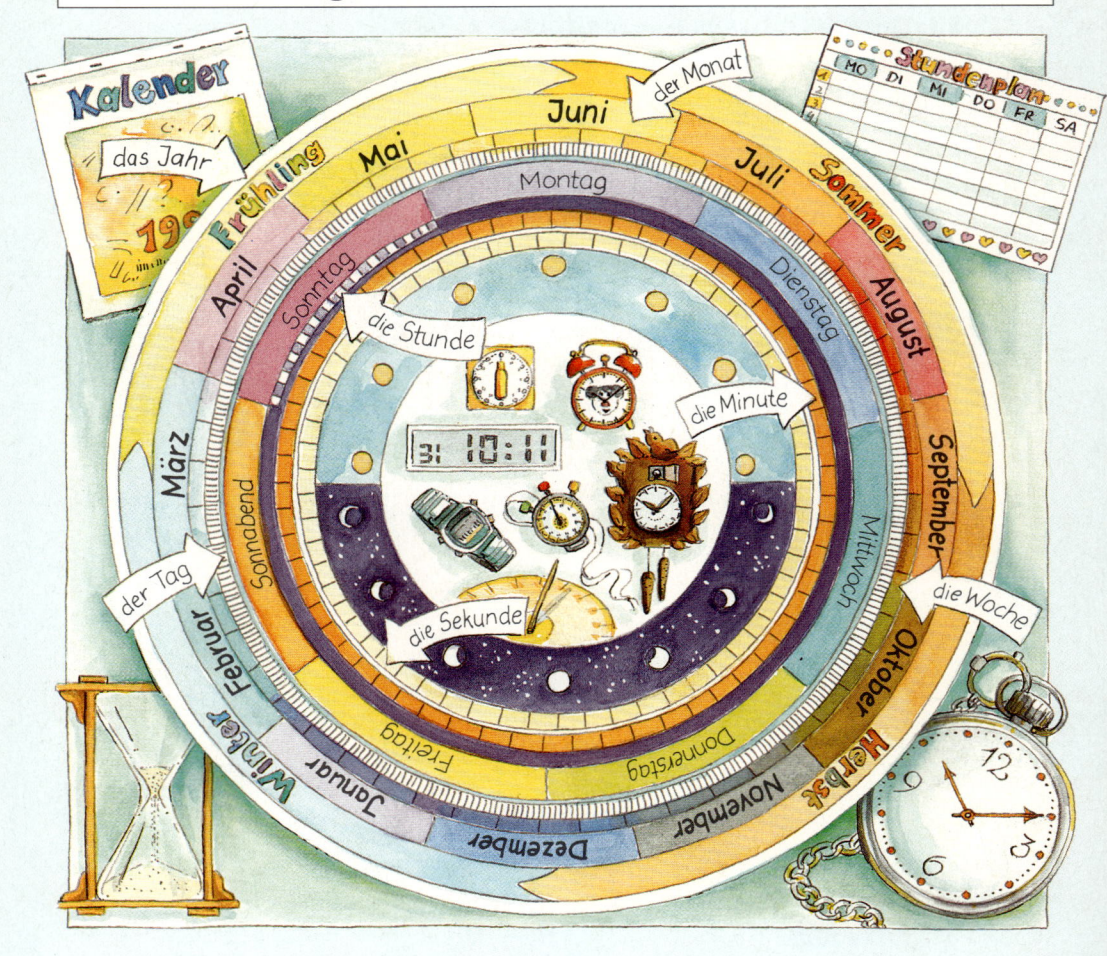

der **Abend**	der **Januar**	der **Nachmittag**
der **April**	der **Juli**	die **Nacht**
der **August**	der **Juni**	der **November**
das **Datum**	der **Kalender**	der **Oktober**
der **Dezember**	der **Mai**	der **Samstag**
der **Dienstag**	der **März**	die **Sekunde**
der **Donnerstag**	die **Minute**	der **September**
der **Februar**	der **Mittag**	der **Sonntag**
der **Freitag**	die **Mitternacht**	**spät**
früh	der **Mittwoch**	die **Stunde**
gestern	der **Monat**	der **Tag**
heute	der **Montag**	die **Uhr**
das **Jahr**	**morgen**	die **Woche**
die **Jahreszeit**	der **Morgen**	die **Zeit**

Maße und Gewichte

Längenmaße:

1 km = 1000 m
1 m = 100 cm
1 dm = 10 cm
1 cm = 10 mm

Hohlmaße:

1 hl = 100 l
1 l = 1000 ml

Gewichte:

1 t = 1000 kg
1 dz = 100 kg
1 kg = 1000 g

Zeit:

1 Tag = 24 h
1 h = 60 min
1 min = 60 sec

	ablesen	der	**Kilometer**	die	**Temperatur**
	abmessen		kurz	das	**Thermometer**
	ausmessen		lang	die	**Tonne**
	Celsius		leer		vergleichen
der	**Dezimeter**		leicht		voll
	genau	der	**Liter**	die	**Waage**
das	**Gewicht**	das	**Maßband**		warm
der	**Grad**		messen		weit
das	**Gramm**	der	**Meter**		wiegen
die	**Größe**	der	**Millimeter**		zählen
	heiß	das	**Pfund**	der	**Zentimeter**
	kalt		schwer	der	**Zentner**
das	**Kilogramm**	die	**Stoppuhr**	der	**Zollstock**

Die Arbeitswelt

der **Angestellte**	das **Fließband**	der **Meister**
arbeiten	das **Gehalt**	der **Mitarbeiter**
der **Arbeiter**	das **Geschäft**	das **Rathaus**
die **Arbeiterin**	das **Handwerk**	die **Reklame**
arbeitslos	**herstellen**	das **Schaufenster**
die **Arbeitszeit**	die **Industrie**	die **Schreibmaschine**
die **Ausbildung**	der **Inhaber**	die **Schule**
der **Beruf**	das **Kaufhaus**	der **Streik**
der **Betrieb**	der **Kollege**	**streiken**
das **Büro**	der **Kunde**	das **Studium**
der **Computer**	der **Laden**	**verdienen**
der **Feierabend**	die **Lehre**	die **Verkäuferin**
die **Firma**	der **Lohn**	die **Ware**

Geschichte der Technik

· Die Schiffahrt ·
· Die Elektrizität ·
· Die Luftfahrt ·

Montgolfière 1783
Gebrüder Wright 1903
Otto Lilienthal 1891
Graf Zeppelin 1928
Jumbo-Jet 1970
Douglas DC-3 1935
Concorde 1969
Raumfähre 1981

	antreiben	der	**Fernseher**		mühsam
die	**Dampflok**		fliegen	die	**Postkutsche**
die	**Dampfmaschine**	das	**Flugzeug**	der	**Propeller**
das	**Dampfschiff**	der	**Fortschritt**	das	**Radar**
der	**Doppeldecker**	der	**Generator**	das	**Radio**
der	**Düsenantrieb**	der	**Heißluftballon**	die	**Rakete**
die	**Elektrizität**		kompliziert	die	**Schiffahrt**
die	**E-Lok**		konstruieren	das	**Segelschiff**
	entwickeln	der	**Konstrukteur**	der	**Tanker**
	erfinden	die	**Luftfahrt**	die	**Technik**
der	**Erfinder**	die	**Magnetschwebebahn**		technisch
die	**Erfindung**		modern	die	**Wissenschaft**
	erforschen		modernisieren	der	**Zeppelin**

Die 16 deutschen Bundesländer

①	**Baden-Württemberg** – baden-württembergisch	**Stuttgart**
②	**Bayern** – bayrisch (auch: bayerisch) – Bayer – Bayerin	**München**
③	**Berlin** – berlinisch – Berliner – Berlinerin	**Berlin**
④	**Brandenburg** – brandenburgisch – Brandenburger – Brandenburgerin	**Potsdam**
⑤	**Bremen** – bremisch – Bremer – Bremerin	**Bremen**
⑥	**Hamburg** – hamburgisch – Hamburger – Hamburgerin	**Hamburg**
⑦	**Hessen** – hessisch – Hesse – Hessin	**Wiesbaden**
⑧	**Mecklenburg-Vorpommern** – mecklenburg-vorpommerisch	**Schwerin**
⑨	**Niedersachsen** – niedersächsisch – Niedersachse – Niedersächsin	**Hannover**
⑩	**Nordrhein-Westfalen** – nordrhein-westfälisch	**Düsseldorf**
⑪	**Rheinland-Pfalz** – rheinland-pfälzisch	**Mainz**
⑫	**Saarland** – saarländisch – Saarländer – Saarländerin	**Saarbrücken**
⑬	**Sachsen** – sächsisch – Sachse – Sächsin	**Dresden**
⑭	**Sachsen-Anhalt** – sachsen-anhaltisch	**Magdeburg**
⑮	**Schleswig-Holstein** – schleswig-holsteinisch	**Kiel**
⑯	**Thüringen** – thüringisch – Thüringer – Thüringerin	**Erfurt**

Die angrenzenden Nachbarländer

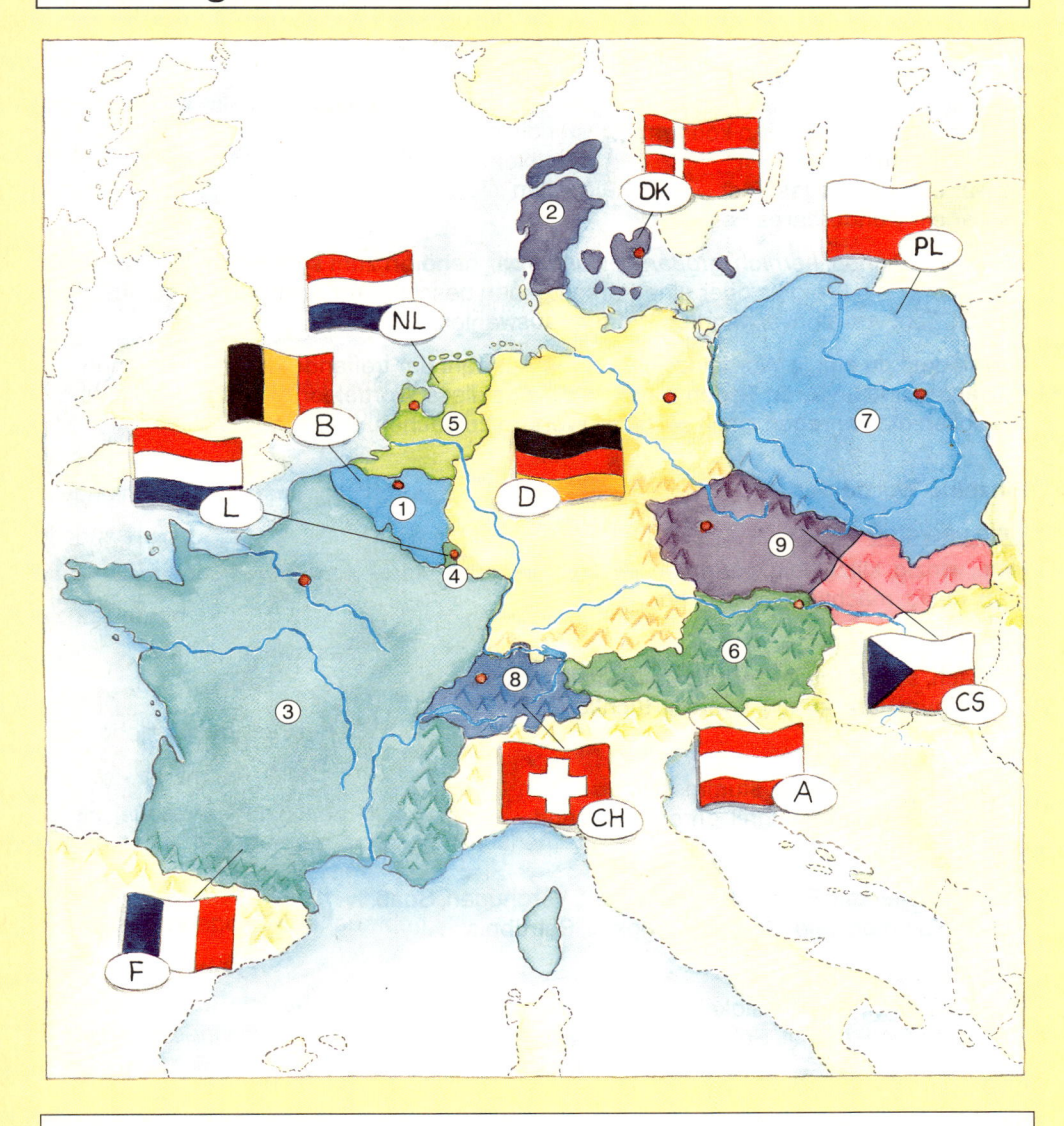

①	**Belgien** – belgisch – Belgier – Belgierin	**Brüssel**
②	**Dänemark** – dänisch – Däne – Dänin	**Kopenhagen**
③	**Frankreich** – französisch – Franzose – Französin	**Paris**
④	**Luxemburg** – luxemburgisch – Luxemburger – Luxemburgerin	**Luxemburg**
⑤	**Niederlande** – niederländisch – Niederländer – Niederländerin	**Amsterdam**
⑥	**Österreich** – österreichisch – Österreicher – Österreicherin	**Wien**
⑦	**Polen** – polnisch – Pole – Polin	**Warschau**
⑧	**Schweiz** – schweizerisch – Schweizer – Schweizerin	**Bern**
⑨	**Tschechische Republik** – tschechisch – Tscheche	**Prag**

Teekesselwörter

muß einen Führerschein haben. Viele kleine Fischerboote werden auch heute noch mit einem Steuer aus Holz gesteuert.
Stich Ich brauche nur noch einen Stich, damit ich das Spiel gewinne. Eine Wespe hat mich gestochen, der Stich schmerzt fürchterlich. Im Rathaus hängt ein Stich aus dem 16. Jahrhundert.
Stift Der Stift ist abgebrochen, ich muß ihn anspitzen. Früher wurde ein Auszubildender Stift genannt. Einen Stift aus Stahl kann man auch in ein Mauerwerk schlagen.
Stimme Susanne hat eine besonders schöne Stimme; sie singt deshalb im Chor. Bei der Wahl des Klassensprechers hat jeder nur eine Stimme.
Stock Früher wohnten wir im zehnten Stock eines Hochhauses. Opa nimmt zum Wandern seinen Stock mit. Jedes Bienenvolk lebt in einem eigenen Stock. Im Herbst haben wir vier Rosenstöcke gesetzt, ein Stock ist im Winter erfroren.
Stoß Hinter dem Haus wird ein großer Stoß Holz aufgeschichtet. Mit einem einzigen Stoß beförderte er drei Billardkugeln in die Löcher. Beim Erdbeben war nur ein einziger Stoß zu spüren, aber er richtete fürchterlichen Schaden an.
Strauß Über einen Strauß Blumen freut sich jeder. Der Strauß ist der größte Laufvogel.
Strom Die Donau ist der zweitlängste Strom in Europa. Der elektrische Strom im Fernsehgerät ist gefährlich. Der Strom der Zuschauer wollte nicht abreißen.

Tafel Heute ist die Tafel besonders sauber gewischt. Die Gäste sitzen um eine große Tafel, die festlich gedeckt ist. Manchmal könnte ich eine ganze Tafel Schokolade auf einmal aufessen.
Tau Im Frühjahr ist die Wiese am Morgen vom Tau ganz naß. An einem Tau hochzuklettern, ist gar nicht leicht.
Teller Ich schaffe es nicht immer, meinen Teller leerzuessen. Die Innenfläche der Hand nennt man auch Teller. Schallplatten sollte man vorsichtig auf den Teller des Plattenspielers legen.
Ton Aus Ton kann man herrliche Gefäße formen. Es war ganz still, kein einziger Ton war zu hören. Mama sagt manchmal: „In diesem Ton lasse ich nicht mit mir reden." In meinem Zimmer haben die Vorhänge den gleichen Ton wie die Wand.
Tonne Wir fangen das Regenwasser in einer Tonne auf und gießen damit den Garten. Mancher Lastkraftwagen kann mehr als 35 Tonnen laden. Manchmal markieren Tonnen Untiefen im Gewässer.
Tor Die Stadt hatte im Mittelalter vier Tore. Der Torschützenkönig schoß in dieser Saison dreißig Tore. Das Tor für das Handballspiel ist viel kleiner als das Tor für das Fußballspiel.
Trommel Zu einer Blaskapelle gehört auch eine große Trommel. Auf der Trommel sind 50 Meter Kabel. Die Trommel der Waschmaschine dreht sich beim Schleudergang vierhundert Mal in einer Minute.

Turm Vom Turm aus konnten wir die ganze Stadt überblicken. Als ich auf dem Turm stand, hatte ich Angst vor dem Sprung ins Schwimmbecken. Beim Schachspiel darf der Turm nur waagerecht oder senkrecht ziehen.
Umschlag Ich habe meinen Fuß verstaucht; der Arzt macht einen feuchten Umschlag. Den Brief an Oma stecke ich in einen Umschlag. Bücher haben meist einen farbigen Umschlag.
Umzug Nach unserem Umzug gefiel es mir zuerst gar nicht in der neuen Gegend. An Kirchweih ist in vielen Dörfern ein Umzug.
Vorstellung Die erste Vorstellung des Kaspertheaters war ganz schnell ausverkauft. Im Mittelalter hatten die Menschen eine ganz andere Vorstellung von unserer Erde.
Weide Den Sommer über haben viele Landwirte ihr Vieh auf der Weide. Am See steht ein riesiger Baum, es ist eine Weide.
Wolf Über den Wolf werden viele schaurige Geschichten erzählt. Der Metzger zerkleinert in einem Wolf das Fleisch.
Wurf Schon mit dem ersten Wurf schleuderte er den Speer über 60 Meter weit. Eine Häsin kann in einem Wurf mehr als zehn junge Hasen bekommen.
Zähler Manche Telefone haben einen Zähler, auf dem man die Einheiten direkt ablesen kann. Obwohl die Mannschaft sich anstrengte, erzielte sie nicht einen einzigen Zähler.
Zahn Damit ein Zahn gesund bleibt, muß er gut gepflegt werden. Er raste mit einem solchen Zahn um die Ecke, daß das Rad wegrutschte. Am Zahnrad ist ein Zahn ausgebrochen. Wenn nur ein einziger Zahn fehlt, schneidet das Sägeblatt nicht mehr richtig.
Zug Der Zug ist überfüllt, und ich muß im Gang stehen. Nach dem fünften Zug hatte ich das Schachspiel schon verloren. Er nahm einen gewaltigen Zug aus der Flasche. Wenn Tür und Fenster gleichzeitig offenstehen, zieht es; in diesem Zug kann man sich leicht erkälten.
Zylinder Bei festlichen Anlässen tragen Männer auch heute noch manchmal einen Zylinder. Je mehr Zylinder ein Motor hat, um so gleichmäßiger und ruhiger läuft er. Über die Flamme der Petroleumlampe wird ein Zylinder aus Glas gestülpt, damit sie bei einem Luftzug nicht ausgeht.